삼성
GSAT
통합기본서

최신기출유형 + 실전문제

KB148989

삼성 GSAT 통합 기본서
최신기출유형 + 실전문제

인쇄일 2023년 3월 1일 초판 1쇄 인쇄
발행일 2023년 3월 5일 초판 1쇄 발행
등 록 제17-269호
판 권 시스컴2023

발행처 시스컴 출판사
발행인 송인식
지은이 타임 적성검사연구소

ISBN 979-11-6941-098-4 13320
정 가 12,000원

주소 서울시 금천구 가산디지털1로 225, 514호(가산포휴) **| 홈페이지** www.siscom.co.kr
E-mail siscombooks@naver.com **| 전화** 02)866-9311 **| Fax** 02)866-9312

발간 이후 발견된 정오 사항은 시스컴 홈페이지 도서 정오표에서 알려드립니다(시스컴 홈페이지→자격증→도서 정오표).
이 책의 무단 복제, 복사, 전재 행위는 저작권법에 저촉됩니다. 파본은 구입처에서 교환하실 수 있습니다.

머리말

취업과정에 적성검사가 도입된 지도 제법 많은 시간이 흘렀습니다. 그동안 적성검사에도 많은 부침이 있어서, 일부 기업은 폐지하기도 하고 일부 기업은 유형을 변경하기도 하였습니다. 쟁쟁한 대기업들이 적성검사 유형을 대폭 변경하면서 다른 기업들에도 그 여파가 미칠 것으로 여겨지고 있습니다.

적성검사는 창의력 · 상황대처능력 · 문제해결능력 등 업무수행에 필요한 능력을 측정하기 위해 실시되며, 기업별 인재상에 따라 여러 유형으로 치러집니다. 여기에 일부 기업들이 주기적으로 문제유형을 변경함으로써 수험생들의 혼란을 가중시키고 있습니다.

본서에서는 각 기업에서 공식적으로 발표한 문제유형을 기반으로 삼았으며, 실제로 적성검사를 치른 응시생들의 후기를 충실히 반영하여 올해 치러질 실제 적성검사에 가장 근접한 문제를 제공하고자 하였습니다.

본서가 취업준비생들의 성공적인 취업에 조금이나마 보탬이 되었으면 하는 바입니다.

타임 적성검사연구소

타임테이블 및 영역별 안내

구분	PART	CHECK BOX		TIME
		complete	incomplete	
I	수리논리	☺	☹	시간 분
II	추리	☺	☹	시간 분

▶ 시험 변경 사항

진행방식	오프라인 시험
출제영역	언어논리, 수리논리, 추리, 시각적 사고
총 문항수	110문항
시험시간	115분
특징	모든 계열사가 같은 날 같은 시간에 동시에 진행(동일한 시험 문항으로 출제)

➡

진행방식	온라인 시험
출제영역	수리논리, 추리
총 문항수	50문항
시험시간	60분
특징	계열사별로 이틀 간 오전과 오후 총 4번에 걸쳐 진행(부정행위 방지를 위해 회차별 시험 문항 다르게 출제)

Part I

수리논리

기본적인 계산 능력과 자료 및 수치를 바탕으로 해석하고 응용하는 능력을 측정합니다. 응용수리와 자료해석의 문제로 구성되어 있습니다. 계산 자체는 어렵지 않으나 주어진 자료를 활용하는 능력을 기르는 것이 중요합니다.

Part II

추리

주어진 조건을 논리적으로 생각하여 문제를 해결할 수 있는 능력을 측정하는 검사입니다. 언어 추리 영역을 실어 여러 문장을 통해 결과를 도출하는 능력과 논리력을 측정합니다. 또한 문자 · 숫자 · 도형 추리로 구성되어 있습니다. 수 · 문자 추리 영역은 수열 문제로 이루어지고 도형 추리에서는 주로 나열된 도형들 간의 법칙을 찾아 적용하는 문제들로 구성되어 있습니다.

구성과 특징

기출유형분석

주요 기출문제의 유형을 분석하여 이에 가장 가까운 문제를 상세한 해설과 함께 수록하였다.

---

1. 응용수리

기출유형분석 〉 ⚡ 문제풀이 시간 : 1분

▶ 유속이 시속 3km인 강에서 배가 상류로 12km, 하류로 18km의 거리를 이동하는 데 총 3시간 30분이 걸렸다. 배의 속력은 얼마인가? (단, 배의 속력은 일정하다.)

① 6km/h ② 9km/h
③ 12km/h ④ 15km/h
⑤ 18km/h

배의 속력이 x일 때 배가 상류로 갈 때 속력은 (배의 속력 − 강물의 속력),
배가 하류로 갈 때 속력은 (배의 속력 + 강물의 속력)이고, 시간 = $\frac{거리}{속력}$ 이므로

상류로 갈 때 걸린 시간 = $\frac{12}{x-3}$, 하류로 갈 때 걸린 시간 = $\frac{18}{x+3}$

문제풀이 시간 표시

각 문제유형에 따라 총 문항수와 총 문제풀이 시간, 문항당 문제풀이 시간을 제시하였다.

음에 대한 알맞은 답을 고르시오.

총 문항 수 : 12문항 | 총 문제풀이 시간 : 6분 | 문항당 문제풀이 시간 : 30초

친 부분에 들어갈 문장으로 알맞은 것을 고르면?

어지면 내일 비가 올 것이다.
으면 별똥별이 떨어진다.

중요문제 표시

기출유형에 근접한 문제마다
표시하여 중요문제를 쉽게
파악할 수 있게 하였다.

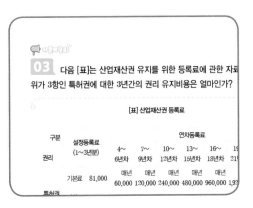

타임테이블 & 채점결과

각 문제유형을 모두 풀었을
때 걸리는 시간 및 채점결과
를 수험생 스스로 점검할 수
있도록 하였다.

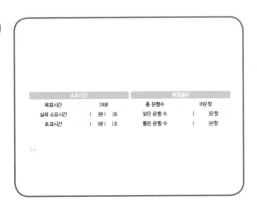

차 례

수리논리

추리

기업소개

1 경영철학과 목표

1. 인재와 기술을 바탕으로
- 인재육성과 기술우위 확보를 경영의 원칙으로 삼는다.
- 인재와 기술의 조화를 통하여 경영전반의 시너지 효과를 증대한다.

2. 최고의 제품과 서비스를 창출하여
- 고객에게 최고의 만족을 줄 수 있는 제품과 서비스를 창출한다.
- 동종업계에서 세계 1군의 위치를 확보한다.

3. 인류사회에 공헌
- 인류의 공동이익과 풍요로운 삶을 위해 기여한다.
- 인류공동체 일원으로서의 사명을 다한다.

2 핵심가치

1. 인재제일
'기업은 사람이다'라는 신념을 바탕으로 인재를 소중히 여기고 마음껏 능력을 발휘할 수 있는 기회의 장을 만들어 간다.

2. 최고지향

끊임없는 열정과 도전정신으로 모든 면에서 세계 최고가 되기 위해 최선을 다한다.

3. 변화선도

변화하지 않으면 살아남을 수 없다는 위기의식을 가지고 신속하고 주도적으로 변화와 혁신을 실행한다.

4. 정도경영

곧은 마음과 진실되고 바른 행동으로 명예와 품위를 지키며 모든 일에 있어서 항상 정도를 추구한다.

5. 상생추구

우리는 사회의 일원으로서 더불어 살아간다는 마음을 가지고 지역사회, 국가, 인류의 공동 번영을 위해 노력한다.

3 인재상

We invite global talent of diverse backgrounds.
삼성은 학력, 성별, 국적, 종교를 차별하지 않고
미래를 이끌어 나갈 인재와 함께 한다.

1. Passion 열정

We have an unyielding passion to be the best.
끊임없는 열정으로 미래에 도전하는 인재

2. Creative 창의혁신

We pursue innovation creative ideas for a better future.
창의와 혁신으로 세상을 변화시키는 인재

3. Integrity 인간미 · 도덕성

We act responsibly as a corporate citizen with honesty and fairness.
정직과 바른 행동으로 역할과 책임을 다하는 인재

4 신입사원 채용안내

1. 모집시기

각 회사별로 필요 시 상시 진행되며, 시기가 미리 정해져 있지 않지만 연 1~2회 공채를 실시

2. 지원자격

(1) 3급

① 대학교 졸업예정자 또는 기졸업자

② 병역필 또는 면제자로 해외여행에 결격사유가 없는 자

③ 어학자격을 보유한 자(OPIc 또는 TOEIC Speaking에 한함)

※ 세부 어학기준은 채용공고를 통해 확인

(2) 4급

① 전문대 졸업 또는 졸업예정자

② 군복무 중인 자는 당해연도 전역 가능한 자

③ 병역필 또는 면제자로 해외여행에 결격사유가 없는 자

(3) 5급

① 고등학교 졸업 또는 졸업예정자

② 군복무 중인 자는 당해연도 전역 가능한 자

③ 병역필 또는 면제자로 해외여행에 결격사유가 없는 자

3. 채용전형절차

지원서 접수 ▶ 직무적합성 검사 ▶ GSAT ▶ 면접 전형 ▶ 채용 건강검진

(1) **지원서 접수**

채용 홈페이지를 통한 지원서 접수
(http://www.samsungcareers.com)

(2) **직무적합성 평가**

지원서에 작성하는 전공과목 이수내역과 직무관련 활동경험, 에세이 등을 통해서 지원자가 해당직무에 대한 역량을 쌓기 위해 노력하고 성취한 내용을 보게 된다. 직무와 무관한 스펙은 일체 반영되지 않는다. 특히, 연구개발 · 기술 · S/W직군은 전공 이수과목의 수와 난이도, 취득성적 등 전공능력을 종합적으로 평가하여 전공을 충실히 이수한 지원자를 우대한다.

(3) **GSAT(직무적성검사)**

단편적인 지식보다는 주어진 상황을 유연하게 대처하고 해결할 수 있는 종합적인 능력을 평가하는 검사(S/W 역량테스트 : S/W직군 대상)

(4) **면접전형**

직무를 수행하는데 필요한 역량을 보유하고 있는지와 삼성의 인재상에 부합하는지를 평가한다.(임원면접 · 직무역량면접 · 창의성면접 실시)

(5) **채용건강검진**

건강검진 후 최종 입사

GSAT(Global Samsung Aptitude Test)

삼성직무적성검사는 단편적인 지식보다는 주어진 상황을 유연하게 대처하고 해결할 수 있는 종합적인 능력을 평가하는 검사입니다.

구분	유형	내용	문항수	검사시간
직무적성검사	수리논리	응용수리	20문항	30분
		자료해석		
	추리	언어추리	30문항	30분
		단어유추		
		도형추리		
		도식추리		
		논리추론		

시간		단계
오전	오후	
8:40 ~ 9:00	13:40 ~ 14:00	응시 프로그램(PC) 실행 후 대기화면 확인 / 감독 프로그램(휴대 전화) 접속
9:00 ~ 10:00	14:00 ~ 15:00	삼성직무적성검사 시험 준비
10:00 ~ 11:00	15:00 ~ 16:00	삼성직무적성검사 실시

* 본서에 수록된 삼성 GSAT의 영역은 삼성그룹의 채용 방침에 따라 추후 변경 가능하므로, 시험 일정 발표 시 삼성그룹 채용 홈페이지에서 꼭 확인하세요.

▶ **온라인 시험 필수 준비물**

1. 타인과 접촉이 없으며 원활한 네트워크 환경이 조성된 장소
2. 권장 사양에 적합한 PC, 스마트폰 및 주변기기(웹캠, 마이크, 스피커, 키보드, 마우스)
3. 신분증(주민등록증, 주민등록 발급 확인서, 운전면허증, 여권, 외국인 거소증 중 택1)
4. 휴대전화

▶ **온라인 시험 유의사항**

1. 응시자는 시험에 필요한 키트를 시험 안내문과 함께 사전에 전달받으므로 시험일 전에 응시 환경을 미리 세팅하여 테스트해 보는 것이 좋다.
2. 키트에 제공된 스마트폰 거치대를 이용하여 본인의 얼굴과 양손, 시험을 치르는 PC 화면이 보이도록 촬영해야 한다.
3. 책상 위에는 PC, 문제풀이 용지, 필기구, 스마트폰 거치대를 제외한 물건을 올려놓을 수 없다.
4. 실제 시험시간 이외에도 별도의 점검 시간이 소요되므로 시간 관리에 유의한다.
5. 시간이 남더라도 감독관이 확인하고 있으므로 의심받을 만한 행동을 하지 않는다.
6. 오답 감점과 과목별 과락(과락 점수는 공개되지 않음)이 있으므로, 편중되지 않도록 문제를 푼다.

▶ 온라인 시험 필수 준비물

검사 항목	확인
본인의 신분증과 개인정보 가리개를 준비하였는가?	☐
스마트폰 거치대와 필요한 필기도구를 준비하였는가?	☐
스마트폰의 인터넷 사용, 감독 시스템에 접속 가능한지 확인하였는가?	☐
카메라와 스피커의 작동이 원활한지 확인하였는가?	☐
전화나 카톡 등의 알림음이 울리지 않도록 하였는가?	☐
컴퓨터의 작동에 문제가 없는지 확인하였는가?	☐
시험 장소에 불필요한 물건을 모두 치웠는가?	☐
시험 장소에 낙서가 없는지 확인하였는가?	☐
주변에 소리가 날만한 요소를 제거하였는가?	☐
온라인 시험에 대한 주의사항 등 응시자 매뉴얼을 확인하였는가?	☐
스마트폰의 배터리가 충분한지 확인하였는가?	☐

▶ 시험 후 점검할 사항

검사 항목	확인
인적성 시험 후기를 작성하였는가?	☐
상하의와 구두를 포함한 면접복장이 준비되었는가?	☐
지원한 직무의 직무분석을 하였는가?	☐
단정한 헤어와 손톱 등 용모관리를 깔끔하게 하였는가?	☐
자신의 자기소개서를 다시 한 번 읽어보았는가?	☐
1분 자기소개를 준비하였는가?	☐
자신이 지원한 직무의 최신 이슈를 정리하였는가?	☐

Part I

수리논리

수리논리

1. 응용수리

⏰ 문제풀이 시간 : 1분

▶ 유속이 시속 3km인 강에서 배가 상류로 12km, 하류로 18km의 거리를 이동하는 데 총 3시간 30분이 걸렸다. 배의 속력은 얼마인가? (단, 배의 속력은 일정하다.)

① 6km/h

② 9km/h

③ 12km/h

④ 15km/h

⑤ 18km/h

정답해설

배의 속력이 x일 때, 배가 상류로 갈 때 속력은 (배의 속력 − 강물의 속력),

배가 하류로 갈 때 속력은 (배의 속력 + 강물의 속력)이고, 시간 $=\dfrac{거리}{속력}$ 이므로

상류로 갈 때 걸린 시간 $=\dfrac{12}{x-3}$, 하류로 갈 때 걸린 시간 $=\dfrac{18}{x+3}$

총 이동 시간 $=\dfrac{12}{x-3}+\dfrac{18}{x+3}=3.5$

$\dfrac{7}{2}(x-3)(x+3)=12(x+3)+18(x-3)$

$x=9$

정답 ②

[01~27] 다음 물음에 알맞은 답을 고르시오.

총 문항 수 : 27문항 | 총 문제풀이 시간 : 30분 | 문항당 문제풀이 시간 : 20초~1분 30초

01 어떤 일을 하는 데 A는 60시간, B는 90시간이 걸린다고 한다. A와 B가 함께 일을 하면 각자 능력의 20%를 분업 효과로 얻을 수 있다고 한다. A 와 B가 함께 일을 한다면 몇 시간이 걸리겠는가?

① 25시간   ② 30시간
③ 35시간   ④ 36시간
⑤ 40시간

정답해설 전체 작업량을 1이라 하면,

A의 1시간 작업량 : $\frac{1}{60}$, B의 1시간 작업량 : $\frac{1}{90}$

A와 B가 함께한 1시간 작업량 : $\left(\frac{1}{60}+\frac{1}{90}\right)\times 1.2=\frac{1}{30}$

∴ 전체 일을 하는 데 걸리는 시간 : $1\div\frac{1}{30}=30$(시간)

02 수아와 경희는 원형으로 된 600m 운동장에서 달리기를 하려고 한다. 출발선에서 서로 반대방향으로 출발하여 30초가 지났을 때 수아와 경희는 만났다. 수아가 8m/s의 속력으로 달렸다면 경희의 속력은 얼마인가?

① 8m/s   ② 10m/s
③ 12m/s   ④ 14m/s
⑤ 16m/s

정답 해설 거리＝속력×시간

경희의 속력을 x라고 하면

$$600＝(8×30)+(x×30) \quad ∴ x＝12(\text{m/s})$$

 이 문제 중요☆

03 12%의 소금물 200g에서 몇 g의 물을 증발시켰더니 15%의 소금물이 되었다. 증발시킨 물의 양을 구하면?

① 32g

② 34g

③ 36g

④ 38g

⑤ 40g

정답 해설 소금물의 농도(%)＝$\dfrac{소금의 양}{소금물의 양}×100$

증발시킨 물의 양을 x라 두면

12%의 소금물의 소금의 양 : $\dfrac{12}{100}×200＝24(\text{g})$

15%의 소금물의 소금의 양 : $\dfrac{15}{100}×(200-x)(\text{g})$

증발 후에도 소금의 양은 일정하므로

$$24＝\dfrac{15}{100}×(200-x) \quad ∴ x＝40(\text{g})$$

04 현재 어머니는 64세이고 아들은 16세이다. 어머니의 나이가 아들 나이의 5배였던 것은 몇 년 전인가?

① 3년 전 ② 4년 전
③ 7년 전 ④ 9년 전
⑤ 10년 전

> **정답해설** x년 전에 어머니의 나이가 아들 나이의 5배이므로,
> $64-x=5(16-x), 64-x=80-5x$
> $\therefore x=4(년)$

05 두 지점 A, B를 자동차로 왕복하는데 갈 때는 시속 45km, 돌아올 때는 시속 30km로 달렸더니, 돌아올 때는 갈 때보다 30분이 더 걸렸다고 한다. 두 지점 A, B 사이의 거리를 구하면?

① 35km ② 45km
③ 55km ④ 65km
⑤ 75km

> **정답해설** A, B 사이의 거리를 x라 두면, 갈 때 걸린 시간은 $\frac{x}{45}$시간이고, 올 때 걸린 시간은 $\frac{x}{30}$시간이다.
> $\frac{x}{30}-\frac{x}{45}=\frac{30}{60}$ $\therefore x=45(\text{km})$

06 5%의 식염수와 10%의 식염수를 섞어서 8%의 식염수 500g을 만들려고 한다. 이때 필요한 5%의 식염수의 양은?

① 200g

② 300g

③ 400g

④ 450g

⑤ 500g

 5%의 식염수 : x, 10%의 식염수 : y

$$\begin{cases} x+y=500 \\ \dfrac{5}{100}x+\dfrac{10}{100}y=\dfrac{8}{100}\times500 \end{cases}$$

$$\therefore x=200(\text{g}),\ y=300(\text{g})$$

 이문제중요★

07 15% 농도의 식염수 200g에 물을 넣어 5%의 식염수를 만든다. 이때 필요한 물의 양은?

① 100g

② 200g

③ 300g

④ 400g

⑤ 500g

 15% 농도의 식염수 200g에서 식염의 양 : $\dfrac{15}{100}\times200=30(\text{g})$

필요한 물의 양을 x라 하면, $\dfrac{30}{200+x}\times100=5(\%)$ $\therefore x=400(\text{g})$

08 둘레의 길이가 54m이고, 가로의 길이가 세로의 길이의 2배보다 6m 더 긴 직사각형 모양의 수영장이 있다. 이 수영장의 넓이를 구하면?

① 110m^2

② 140m^2

③ 160m^2

④ 210m^2

⑤ 230m^2

정답해설 세로의 길이 : x, 가로의 길이 : $2x+6$

둘레의 길이 : $(2x+6+x)\times2=54$

∴ 세로의 길이$=7\text{m}$, 가로의 길이$=20\text{m}$

∴ (수영장의 넓이)$=20\times7=140(\text{m}^2)$

09 어느 공원의 입장료가 어른은 2,500원, 어린이는 1,000원이다. 어른과 어린이를 합쳐서 20명이 입장하고 41,000원을 냈다면 입장한 어린이는 몇 명인가?

① 3명

② 4명

③ 5명

④ 6명

⑤ 7명

정답해설 입장한 어린이를 x명이라 두면

$2,500(20-x)+1,000x=41,000$

∴ $x=6$

10 수영이는 문구점에서 공책과 연필을 사서 10,000원을 냈더니 1,900원을 거슬러 받았다. 공책의 가격은 1,200원, 연필의 가격은 300원이고 구입한 공책과 연필의 개수가 12개였다면, 공책을 몇 권 샀는가?

① 5권   ② 6권
③ 7권   ④ 8권
⑤ 9권

정답해설 공책의 개수 : x, 연필의 개수 : y
$$\begin{cases} x+y=12 \\ 1,200x+300y=8,100 \end{cases}$$
∴ $x=5$(권), $y=7$(개)

11 A, B 두 회사의 작년 자동차 판매량의 합은 300대이다. 금년에는 작년보다 A회사는 판매량이 20% 증가했고, B회사는 10% 감소하여 두 회사의 자동차 판매량의 합은 작년보다 10% 증가하였다. 금년 A회사의 자동차 판매량을 구하면?

① 90대   ② 100대
③ 150대   ④ 200대
⑤ 240대

정답해설 A회사에서 작년에 판매한 자동차 대수 : x대
B회사에서 작년에 판매한 자동차 대수 : y대
$$\begin{cases} x+y=300 \\ 1.2x+0.9y=300 \times 1.1 \end{cases}$$
∴ $x=200$, $y=100$
따라서 금년 A회사의 자동차 판매량은 20% 증가했으므로 $200 \times 1.2=240$(대)

12 어떤 물건의 원가에 40%의 이윤을 붙여 정가를 정하였다. 이것을 300원 할인하여 팔면 물건 한 개당 원가의 25%의 이익금이 남는다고 한다. 이때 이 물건의 원가는?

① 1,500원   ② 1,700원

③ 2,000원   ④ 2,200원

⑤ 2,500원

 물건의 원가를 x라 할 때,

(정가)$=x+0.4x=1.4x$

$1.4x-300-x=0.25x$ $\therefore x=2,000$(원)

13 서영이가 가지고 있는 돈으로 가격이 같은 빵을 8개 사면 600원이 남고, 10개 사면 1,000원이 모자란다. 빵을 9개 사면 어떻게 되겠는가?

① 200원 모자란다.   ② 200원 남는다.

③ 600원 모자란다.   ④ 800원 남는다.

⑤ 1000원 모자란다.

 빵 1개의 가격을 x원이라 하면

$8x+600=10x-1,000$ $\therefore x=800$(원)

따라서 서영이가 가지고 있는 돈은 7,000원이고 빵을 9개 사려면 7,200원이 필요하므로 200원이 모자란다.

14 미정이는 자전거를 타고 집에서 **16km** 거리에 있는 도서관까지 **8km/h**의 속력으로 갔다가 도서관에서 **3시간** 공부를 한 후 집으로 다시 돌아왔다. 미정이가 집에서 오전 9시에 출발하였다면, 집으로 돌아왔을 때 시간을 구하면? (단, 다른 변수들은 무시한다.)

① 오후 2시
② 오후 4시
③ 오후 5시
④ 오후 9시
⑤ 오후 10시

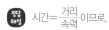 시간$=\dfrac{거리}{속력}$이므로,

갈 때의 시간 : $\dfrac{16}{8}=2$시간, 올 때의 시간 : $\dfrac{16}{8}=2$시간

도서관에서 공부한 시간$=3$시간

∴ 집으로 돌아온 시간은 오전 9시에서 7시간 후인 오후 4시이다.

15 엘리베이터로 **1층**에서 **5층**까지 가는 데 걸리는 시간이 **12초**이다. **1층**에서 어느 층까지 엘리베이터로 가는 데 걸리는 시간이 **36초**라면, 몇 층까지 엘리베이터로 타고 갔는가?

① 8층
② 10층
③ 12층
④ 13층
⑤ 14층

 1층에서 5층까지 4개 층을 오르는 데 걸리는 시간이 12초이므로 1개 층을 오르는 데 걸리는 시간은 3초이다.

$3\times(x-1)=36$ ∴ $x=13$(층)

16

연못 주위에 나무를 심으려고 하는데, 나무의 간격을 **10m**에서 **5m**로 바꾸면 필요한 나무는 **11**그루가 늘어난다. 연못의 둘레는?

① 100m

② 110m

③ 120m

④ 130m

⑤ 140m

정답해설 나무의 간격이 10m일 때 필요한 나무의 그루 수를 x라 하면

$$10x = 5(x+11)$$

$$\therefore x = 11(그루)$$

$$\therefore 연못의 둘레 = 10 \times 11 = 110(m)$$

Part I
Part II

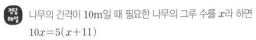
이 문제 중요!

17

철수와 영희가 함께 일을 하면 **8**일 걸리는 일을 영희가 **4**일 동안 일한 후, 그 나머지는 철수가 **10**일 걸려서 완성하였다. 이 일을 철수 혼자서 하려면 며칠이나 걸리겠는가?

① 8일

② 9일

③ 10일

④ 11일

⑤ 12일

정답해설 전체 일의 양이 1일 때

철수가 하루에 일하는 양을 x, 영희가 하루에 일하는 양을 y라 하면

$$\begin{cases} 8(x+y) = 1 \\ 10x + 4y = 1 \end{cases}$$

$$\therefore x = \frac{1}{12}, \ y = \frac{1}{24}$$

철수는 하루에 $\frac{1}{12}$씩 일을 하므로 일을 완성하려면 12일이 걸린다.

18 A는 10일, B는 20일 걸리는 일이 있다. 둘은 공동작업으로 일을 시작했으나, 도중에 A가 쉬었기 때문에 끝마치는 데 16일 걸렸다. A가 쉰 기간은 며칠인가?

① 10일

② 12일

③ 14일

④ 15일

⑤ 16일

> **정답해설** 전체 일의 양이 1일 때, A의 1일 일량 : $\dfrac{1}{10}$, B의 1일 일량 : $\dfrac{1}{20}$
>
> B가 일한 날 수 : 16일, B의 총 일량 : $\dfrac{1}{20} \times 16 = \dfrac{4}{5}$
>
> A의 총 일량 : $1 - \dfrac{4}{5} = \dfrac{1}{5}$
>
> A의 일한 날 수 : $\dfrac{1}{5} \div \dfrac{1}{10} = 2(일)$
>
> ∴ A가 쉰 날 수 : $16 - 2 = 14(일)$

19 사진관에서 5명의 가족이 단체사진을 찍을 때 앞줄에 2명, 뒷줄에 3명이 서는 방법의 수는?

① 100가지

② 110가지

③ 120가지

④ 130가지

⑤ 140가지

> **정답해설** 5명 중에 앞줄에 2명을 뽑아 세우는 방법은,
>
> $_5P_2 \times {}_3P_3 = \dfrac{5!}{(5-2)!} \times \dfrac{3!}{(3-3)!} = \dfrac{5!}{3!} \times \dfrac{3!}{1} = 5! = 120(가지)$

20
　A라는 직장인은 매일 출근 1시간 15분 전에 일어나 10분간 신문을 보고, 15분간 세수를 하며, 20분간 식사를 한 후 출근을 위해 집에서 나선다. 회사의 출근 시간이 오전 10시라면 집에서 출발한 시간의 시침과 분침의 각도는 얼마인가?

① 105°　　　　　　　② 115°

③ 125°　　　　　　　④ 135°

⑤ 140°

집에서 출발한 시간 : 10시 − 1시간 15분 + 10분 + 15분 + 20분 = 9시 30분

각 시간의 각도 : 360 ÷ 2 = 30(°)

시침은 9시와 10시의 중간에 있고 분침은 30분, 즉 6시에 있으므로 시침과 분침의 간격은 3시간 30분

∴ 시침과 분침의 각도 : $3 \times 30 + \dfrac{1}{2} \times 30 = 90 + 15 = 105(°)$

21
　남자 7명과 여자 5명 중 3명을 고른다. 3명 모두 남자인 경우는 몇 가지인가?

① 35가지　　　　　　② 40가지

③ 45가지　　　　　　④ 50가지

⑤ 55가지

남자 7명 중 3명을 고르는 것이므로, $_7C_3 = \dfrac{7 \times 6 \times 5}{3 \times 2 \times 1} = 35$(가지)

22 어떤 옷가게에서 원가 20만 원짜리 정장에 이윤을 30% 추가하여 정가로 하였다가 오랫동안 팔리지 않아 정가의 20%를 깎아 팔았다. 이 옷의 가격은 얼마인가?

① 180,000원

② 198,000원

③ 208,000원

④ 220,000원

⑤ 225,000원

 $200,000 \times 1.3 = 260,000$(원)
$260,000 \times 0.8 = 208,000$(원)

23 꽃장사를 하는 형우는 정가에서 10% 할인하여 팔아도 원가에 대해서는 8%의 이익을 남기고 싶어한다. 형우는 처음 원가에 몇 %의 이익을 붙여서 정가를 매겨야 하는가?

① 10%

② 20%

③ 30%

④ 40%

⑤ 50%

 원가 x원에 y%의 이익을 붙여서 정가를 정한다고 하면, 정가는 $x(1+0.01y)$이다.
할인가격 $= x(1+0.01y)(1-0.1)$
할인가격 $-$ 원가 $=$ 원가의 8%이므로,
$x(1+0.01y)(1-0.1)-x=0.08x$
$0.9x(1+0.01y)=1.08x$
$\therefore y=20(\%)$

24 청기 3개, 백기 2개, 적기 1개를 모두 한 줄로 배열하여 신호를 만들려고 한다. 만들 수 있는 신호의 개수는?

① 60개 ② 70개

③ 80개 ④ 90개

⑤ 100개

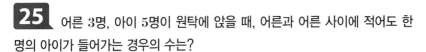 a, a, a, b, b, c의 순열의 수와 같다.

$$\therefore \frac{6!}{3! \times 2!} = \frac{6 \cdot 5 \cdot 4 \cdot 3 \cdot 2 \cdot 1}{3 \cdot 2 \cdot 1 \times 2 \cdot 1} = 60(개)$$

25 어른 3명, 아이 5명이 원탁에 앉을 때, 어른과 어른 사이에 적어도 한 명의 아이가 들어가는 경우의 수는?

① 1,210가지 ② 1,320가지

③ 1,440가지 ④ 1,510가지

⑤ 1,620가지

아이 5명이 원탁에 앉는 방법은 $(5-1)!=4!$(가지)이고, 이 각각에 대하여 아이와 아이 사이의 5곳 중 세 곳에 어른이 앉는 방법의 수는 $_5P_3$가지이다.

$$\therefore 4! \times _5P_3 = 4 \cdot 3 \cdot 2 \times 5 \cdot 4 \cdot 3 = 1,440(가지)$$

26
1에서 20까지의 자연수 중 임의로 하나의 수를 선택할 때, 2 또는 5의 배수일 확률은?

① 0.5

② 0.6

③ 0.7

④ 0.8

⑤ 0.9

정답해설 2의 배수 : 10(개), 5의 배수 : 4(개), 10의 배수 : 2(개)

$10 + 4 - 2 = 12$(개)

$\therefore \dfrac{12}{20} = \dfrac{3}{5} = 0.6$

이 문제 중요!★

27
어느 공장에서 생산하는 제품 10개 중에는 3개의 불량품이 들어 있다. 제품을 1개씩 검사할 때 5개를 검사할 때까지 불량품 2개를 발견할 확률은?

① $\dfrac{1}{2}$

② $\dfrac{2}{5}$

③ $\dfrac{3}{10}$

④ $\dfrac{5}{12}$

⑤ $\dfrac{7}{24}$

정답해설 10개의 제품 중 5개의 제품을 선택할 때, 불량품이 2개일 확률을 구하는 것과 같다.

$\therefore \dfrac{{}_3C_2 \times {}_7C_3}{{}_{10}C_5} = \dfrac{105}{252} = \dfrac{5}{12}$

소요시간		채점결과	
목표시간	30분	총 문항수	27문항
실제 소요시간	( )분 ( )초	맞은 문항 수	( )문항
초과시간	( )분 ( )초	틀린 문항 수	( )문항

⏱ 문제풀이 시간 : 30초

▶ 주사위를 던져서 홀수의 눈이 나오면 1점, 짝수의 눈이 나오면 2점을 얻는다고 한다. 주사위를 세 번 던져 5점을 얻을 확률은?

① $\dfrac{1}{8}$

② $\dfrac{1}{4}$

③ $\dfrac{3}{8}$

④ $\dfrac{5}{8}$

⑤ $\dfrac{7}{8}$

정답해설 주사위를 세 번 던져 5점을 얻는 경우의 수는 짝수의 눈이 두 번, 홀수의 눈이 한 번 나오는 경우의 수와 같으므로

$${}_3C_2\left(\dfrac{1}{2}\right)^2\left(\dfrac{1}{2}\right)^1=\dfrac{3}{8}$$

정답 ③

01 흰 공과 검은 공을 합하여 6개의 공이 들어 있는 주머니에서 공 2개를 꺼낼 때 2개 모두 흰 공이 나올 확률이 $\dfrac{2}{5}$이다. 흰 공의 개수를 구하면?

① 4

② 5

③ 6

④ 7

⑤ 8

정답해설 흰 공의 개수를 x라 하면

$$\dfrac{{}_xC_2}{{}_6C_2}=\dfrac{2}{5},\ \dfrac{x(x-1)}{2}=\dfrac{2}{5}\times15$$

$$x^2-x-12=0,\ (x-4)(x+3)=0$$

$$\therefore\ x=4$$

 정답 26 ② | 27 ④ | 01 ①

02 1, 2, 3, 4, 5의 다섯 개의 숫자 중에서 서로 다른 네 숫자를 이용하여 만들 수 있는 네 자리의 자연수는 모두 몇 개인가?

① 100
② 120
③ 180
④ 240
⑤ 280

 다섯 개 중 네 개를 뽑아 일렬로 배열하는 경우의 수와 같으므로

$$_5P_4 = 5 \times 4 \times 3 \times 2 = 120$$

03 다항식 $(1+x)^5$의 전개식에서 x^2의 계수는?

① 6
② 8
③ 10
④ 12
⑤ 14

 다항식 $(1+x)^5$의 전개식의 일반항은

$$_5C_r 1^{5-r} x^r = {_5C_r} x^r$$

따라서 x^2의 계수는 $_5C_2 = \dfrac{5 \times 4}{2 \times 1} = 10$

04 흰색 구슬 5개, 검은색 구슬 5개를 일렬로 모두 나열할 때, 양 끝에 흰색 구슬이 놓이는 경우의 수는? (단, 같은 색 구슬끼리는 서로 구별하지 않는다.)

① 48   ② 52

③ 56   ④ 58

⑤ 60

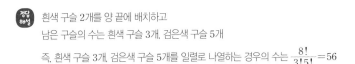

정답해설 흰색 구슬 2개를 양 끝에 배치하고
남은 구슬의 수는 흰색 구슬 3개, 검은색 구슬 5개
즉, 흰색 구슬 3개, 검은색 구슬 5개를 일렬로 나열하는 경우의 수는 $\dfrac{8!}{3!\,5!}=56$

05 8명의 사람이 원형의 탁자에 둘러앉을 때, 특정한 3명이 이웃하여 앉는 방법의 수는?

① 240   ② 360

③ 480   ④ 600

⑤ 720

정답해설 특정한 세 명을 한 사람으로 생각하고
6명이 원형의 탁자에 둘러앉는 경우의 수를 구하면
$(6-1)!=5!$
이때, 특정한 세 명이 서로 자리를 바꿀 수 있으므로 그 경우의 수는 3!가지
따라서 구하는 방법의 수는 $5! \times 3!=720$

06 $\left(2x - \dfrac{1}{x}\right)^4$의 전개식에서 x^2의 계수는?

① -32 ② -16
③ 16 ④ 24
⑤ 32

정답해설 $\left(2x - \dfrac{1}{x}\right)^4$의 전개식에서 일반항은

$${}_4C_r(2x)^{4-r}\left(-\dfrac{1}{x}\right)^r = {}_4C_r 2^{4-r}(-1)^r x^{4-2r}$$

$4-2r=2$에서 $r=1$이므로 x^2의 계수는

$\therefore\ {}_4C_1 2^{4-1}(-1)^1 = -32$

07 $1, 2, 3, 4, 5, 6$을 한 번씩만 사용하여 만들 수 있는 여섯 자리 자연수 중에서 십의 자리의 수와 천의 자리의 수가 모두 3의 배수인 자연수의 개수는?

① 12 ② 24
③ 36 ④ 48
⑤ 60

정답해설 십의 자리의 수와 천의 자리의 수가 모두 3의 배수인 경우는 다음과 같다.

□□3□6□, □□6□3□

나머지 네 자리에 1, 2, 4, 5의 숫자를 배열하는 방법의 수는

$4! = 4 \times 3 \times 2 \times 1 = 24$

따라서 구하는 경우의 수는 $2 \times 24 = 48$

08

사내 체육대회에서 이어달리기를 하는데, 여직원 중 A, B, C가, 남직원 중 D, E가 대표선수로 뽑혔다. 5명의 직원들이 여직원, 남직원, 여직원, 남직원, 여직원 순서로 달린다고 할 때, 달리는 순서를 정하는 방법의 수는?

① 10   ② 12

③ 14   ④ 16

⑤ 18

정답해설 두 번째, 네 번째 순서에 남직원들이 달리는 순서를 정하는 경우의 수는 2!
첫 번째, 세 번째, 다섯 번째 순서에 여직원들이 달리는 순서를 정하는 경우의 수는 3!
따라서 구하는 방법의 수는 $2! \times 3! = 12$

09

같은 모양의 구슬 10개를 세 명의 학생에게 모두 나누어 주려고 한다. 각 학생이 적어도 2개 이상은 가지도록 나누어 주는 경우의 수는?

① 14   ② 15

③ 16   ④ 17

⑤ 18

정답해설 구슬 6개를 세 명의 학생에게 2개씩 나누어 주고 나머지 4개를 세 명에게 나누어 주면 된다.
이때, 세 명의 학생에게 나누어 주는 구슬의 수를 각각 x, y, z라 하면,
$x + y + z = 4$ (x, y, z는 음이 아닌 정수)를 만족시켜야 한다.
따라서 구하는 경우의 수는 $_{3+4-1}C_4 = {}_6C_2 = 15$

10 노란 공 3개, 빨간 공 2개가 들어 있는 주머니에서 공을 한 개씩 두 번 꺼낼 때, 두 공이 모두 노란 공일 확률은? (단, 꺼낸 공은 다시 주머니에 넣지 않는다.)

① $\dfrac{3}{10}$ ② $\dfrac{1}{2}$

③ $\dfrac{7}{10}$ ④ $\dfrac{4}{5}$

⑤ $\dfrac{9}{10}$

> **정답해설** 꺼낸 공을 다시 주머니에 넣지 않으므로
>
> 처음 노란 공을 꺼낼 확률은 $\dfrac{3}{5}$
>
> 두 번째 노란 공을 꺼낼 확률은 $\dfrac{2}{4} = \dfrac{1}{2}$
>
> 따라서 구하는 확률은 $\dfrac{3}{5} \times \dfrac{1}{2} = \dfrac{3}{10}$

11 8개의 제비 중에 당첨 제비가 3개 들어 있다. 이 중에서 2개를 꺼낼 때, 적어도 1개가 당첨 제비일 확률을 구하면?

① $\dfrac{5}{14}$ ② $\dfrac{9}{14}$

③ $\dfrac{5}{7}$ ④ $\dfrac{11}{14}$

⑤ $\dfrac{13}{14}$

> **정답해설** 여사건의 확률을 이용하면
>
> 2개 모두 당첨 제비가 아닐 확률은 $\dfrac{{}_5C_2}{{}_8C_2} = \dfrac{5}{14}$
>
> 따라서 구하는 확률은 $1 - \dfrac{5}{14} = \dfrac{9}{14}$

12 5개의 문자 a, b, c, d, e를 일렬로 배열할 때, a와 b 사이에 2개의 문자가 들어가는 방법의 수는?

① 22 ② 24

③ 26 ④ 28

⑤ 30

정답 해설 a와 b 사이에 c, d, e 3개의 문자 중 2개를 택하여 일렬로 나열하는 방법의 수는

$_3P_2 = 6$가지

a와 b가 자리를 바꾸는 방법은 2가지

(a□□b)□가 자리를 바꾸는 방법은 2가지

∴ $6 \times 2 \times 2 = 24$

13 흰 공 3개, 노란 공 2개, 파란 공 4개가 들어 있는 주머니가 있다. 이 주머니에서 임의로 3개의 공을 동시에 꺼낼 때, 공의 색깔이 모두 다를 확률은? (단, 모든 공의 크기와 모양은 같다.)

① $\dfrac{2}{7}$ ② $\dfrac{3}{7}$

③ $\dfrac{4}{7}$ ④ $\dfrac{5}{7}$

⑤ $\dfrac{6}{7}$

정답 해설 총 9개의 공 중에서 3개를 꺼내는 경우의 수는 $_9C_3$

공의 색깔이 모두 다르려면 흰 공, 노란 공, 파란 공을 각각 한 개씩 꺼내야 하므로

이때의 경우의 수는 $_3C_1 \times _2C_1 \times _4C_1$

따라서 구하는 확률은 $\dfrac{_3C_1 \times _2C_1 \times _4C_1}{_9C_3} = \dfrac{2}{7}$

14 사내 마라톤 대회에 참가한 **40명**의 직원 중 마라톤에서 완주한 직원 수와 기권한 직원 수가 다음과 같다.

구분	남성	여성
완주한 직원	12	14
기권한 직원	6	8

참가한 직원 중에서 임의로 선택한 한 명의 직원이 여성이었을 때, 이 직원이 마라톤에서 완주하였을 확률을 구하면?

① $\dfrac{4}{11}$ ② $\dfrac{5}{11}$

③ $\dfrac{6}{11}$ ④ $\dfrac{7}{11}$

⑤ $\dfrac{8}{11}$

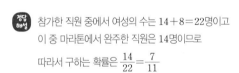

정답해설 참가한 직원 중에서 여성의 수는 $14+8=22$명이고

이 중 마라톤에서 완주한 직원은 14명이므로

따라서 구하는 확률은 $\dfrac{14}{22}=\dfrac{7}{11}$

15

6명의 학생 A, B, C, D, E, F를 임의로 2명씩 짝을 지어 3개의 조로 편성하려고 한다. A와 C는 같은 조에 편성되고, E, F는 서로 다른 조에 편성될 확률은?

① $\dfrac{2}{3}$

② $\dfrac{8}{15}$

③ $\dfrac{2}{5}$

④ $\dfrac{4}{15}$

⑤ $\dfrac{2}{15}$

정답해설 6명을 2명씩 3개의 조로 편성하는 경우의 수는

$$_6C_2 \times {}_4C_2 \times {}_2C_2 \times \dfrac{1}{3!} = 15$$

A, C가 같은 조에 편성되고, E, F가 서로 다른 조에 편성되려면

$(A, C), (B, E), (D, F)$ 또는 $(A, C), (B, F), (D, E)$

따라서 구하는 확률은 $\dfrac{2}{15}$

소요시간		채점결과	
목표시간	25분	총 문항수	15문항
실제 소요시간	( )분 ( )초	맞은 문항 수	( )문항
초과시간	( )분 ( )초	틀린 문항 수	( )문항

기출유형분석

🕐 문제풀이 시간 : 30초

▶ 농도가 6%인 식염수 100g에 12%의 식염수 몇 g을 넣으면 8%의 식염수를 만들 수 있는가?

① 50g

② 70g

③ 100g

④ 120g

⑤ 150g

 농도가 6%인 식염수 100g에 들어있는 식염의 양 : $\dfrac{6}{100} \times 100 = 6(g)$

12% 식염수의 양을 x라 하면,

12% 식염수에 들어있는 식염의 양 : $\dfrac{12}{100} \times x(g)$

$\therefore \dfrac{6+\left(\dfrac{12}{100}\right)}{100+x} \times 100 = 8(\%)$, $x=50g$

 • 농도에 관한 공식

– 식염수의 농도 = $\dfrac{식염의 양}{식염수의 양} \times 100$

– 식염의 양 = $\dfrac{식염수의 농도}{100} \times 식염수의 양$

– 식염수의 양 = 식염의 양 + 물의 양

정답 ①

[01~05] 다음 문제를 읽고 물음에 답하시오.

총 문항 수 : 5문항 | 총 문제풀이 시간 : 2분 30초 | 문항당 문제풀이 시간 : 30초

01 농도 14%의 소금물 300g에 물을 더 넣어 농도를 4%로 하려고 한다. 물을 얼마나 더 넣어야 하는가?

① 300g

② 450g

③ 600g

④ 750g

⑤ 900g

Part I

Part II

정답해설 농도가 14%인 소금물 300g에서 소금의 양= $\dfrac{14}{100} \times 300 = 42(g)$

여기에 넣는 물의 양을 x라고 한다면

$$\dfrac{42}{300+x} \times 100 = 4(\%)$$

$$4(300+x) = 4,200$$

$$\therefore x = 750(g)$$

TIP 농도에 관한 공식

- 소금의 양=소금물의 양× $\dfrac{농도}{100}$

- 농도= $\dfrac{소금의 양}{소금물의 양} \times 100$

02 35% 소금물 200g에 물 50g을 첨가했을 때의 소금물의 농도는?

① 16%

② 20%

③ 24%

④ 28%

⑤ 32%

정답해설 35% 소금물 200g에 들어있는 소금의 양을 x라 하면

$$\dfrac{x}{200} \times 100 = 35(\%)$$

$$\therefore x = 70(g)$$

따라서 물 50g을 첨가했을 때의 소금물의 농도는 $\dfrac{70}{200+50} \times 100 = 28(\%)$

03 3%의 식염수에 9%의 식염수를 섞어서 6%의 식염수 500g을 만들고자 한다. 9%의 식염수는 몇 g 필요한가?

① 100g   ② 150g

③ 200g   ④ 250g

⑤ 300g

정답해설 3%의 식염수 : x, 9%의 식염수 : y

$x + y = 500$ ⋯ ㉠

$\dfrac{3}{100}x + \dfrac{9}{100}y = \dfrac{6}{100} \times 500$, $x + 3y = 1,000$ ⋯ ㉡

㉠과 ㉡을 연립해서 풀면 $x = 250$, $y = 250$

∴ 9%의 식염수의 양은 250g이다.

04 농도 4%의 소금물 xg과 10%의 소금물 250g을 섞은 후 증발시켜 200g을 만들었더니 농도가 15%가 되었다고 할 때, x의 값은?

① 120g   ② 125g

③ 130g   ④ 135g

⑤ 140g

정답해설 농도 10%의 소금물 안에 들어있는 소금의 양을 a라 하면

$\dfrac{a}{250} \times 100 = 10$, $a = 25(\text{g})$

농도 4%의 소금물 안에 들어있는 소금의 양을 b라 하면

$\dfrac{25 + b}{200} \times 100 = 15$, $b = 5(\text{g})$

∴ $\dfrac{5}{x} \times 100 = 4$, $x = 125(\text{g})$

📢 이 문제 중요 ⭐

05 12%의 소금물 200g에서 한 컵을 떠낸 후 다시 떠낸 양만큼 물을 붓고, 여기에 9%의 소금물을 조금 더 넣어서 10%의 소금물 300g을 얻었다. 떠낸 소금물의 양은 얼마인가?

① 24g

② 25g

③ 26g

④ 28g

⑤ 29g

정답 해설

12%의 소금물 200g에 들어있는 소금의 양 : $\dfrac{12}{100} \times 200 = 24(\text{g})$

떠낸 소금물의 양을 xg이라 할 때 소금의 양 : $\dfrac{12x}{100}$

12%의 소금물 200g에 남아있는 소금의 양 : $24 - \dfrac{12x}{100}$

(다시 떠낸 양만큼 물을 넣기 때문에 소금의 양은 변함이 없다.)

9%의 소금물 100g을 추가로 넣었을 때 소금의 양 : $\left(24 - \dfrac{12x}{100}\right) + 9$

이는 10%의 소금물 300g에서 소금의 양과 같으므로

$$\left(24 - \frac{12x}{100}\right) + 9 = \frac{10}{100} \times 300$$

$24 - \dfrac{12x}{100} = 21, \ \dfrac{12x}{100} = 3, \ x = 25$

∴ 퍼낸 소금물의 양은 25g이다.

소요시간		채점결과	
목표시간	2분 30초	총 문항수	5문항
실제 소요시간	( )분 ( )초	맞은 문항 수	( )문항
초과시간	( )분 ( )초	틀린 문항 수	( )문항

기출유형분석

⏱ 문제풀이 시간 : 30초

▶ A에서 B까지 거리는 **11km**이다. A에서 출발하여 B로 가는데 시속 **3km**로 걷다가 도중에 시속 **5km**로 달려갔더니 **3시간** 만에 도착하였다. 달려간 거리를 구하시오.

① 7km

② 6km

③ 5km

④ 4km

⑤ 3km

 걸어간 거리를 $x$km, 달려간 거리를 $y$km라고 하면

$x + y = 11 \cdots \bigcirc$

$\dfrac{x}{3} + \dfrac{y}{5} = 3$

$5x + 3y = 45 \cdots \bigcirc$

$\bigcirc$, $\bigcirc$을 연립하면 $2y = 10$, $y = 5$

따라서 달려간 거리는 5km이다.

 • 거리 · 속력 · 시간의 관계

－ 속력 $= \dfrac{거리}{시간}$

－ 거리 $=$ 속력 $\times$ 시간

－ 시간 $= \dfrac{거리}{속력}$

－ 평균속력 $= \dfrac{총 \ 거리}{총 \ 시간}$

정답 ③

[01~05] 다음 문제를 읽고 물음에 답하시오.

총 문항 수 : 5문항 | 총 문제풀이 시간 : 2분 30초 | 문항당 문제풀이 시간 : 30초

01 승기가 집에서 800m 떨어진 도서관을 갈 때 처음에는 분속 50m로 걷다가 나중에는 분속 200m로 뛰어갔더니 10분이 걸렸다. 승기가 걸은 거리는?

① 400m   ② 420m

③ 450m   ④ 480m

⑤ 500m

정답해설 승기가 걸은 거리를 x, 달린 거리를 y라고 하면

$x+y=800$ ··· ㉠

시간$=\dfrac{거리}{속력}$ 이므로,

$\dfrac{x}{50}+\dfrac{y}{200}=10$ ··· ㉡

㉠과 ㉡을 연립하여 풀면

$x+y=800$

$4x+y=2,000$

$\therefore x=400(\mathrm{m}), y=400(\mathrm{m})$

이문제중요!

02 화물열차가 일정한 속력으로 달려 기차역을 완전히 통과하는 데 5초가 걸리고, 길이가 160m인 터널을 완전히 지나는 데 13초가 걸린다고 한다. 이 화물열차의 길이는?

① 70m   ② 80m

③ 90m   ④ 100m

⑤ 110m

정답해설 속력 $=\dfrac{거리}{시간}$

화물열차가 일정한 속력으로 달린다고 하였으므로, 화물열차의 길이를 x라 하면

$$\frac{x}{5}=\frac{160+x}{13}, \ 800+5x=13x$$

$$\therefore x=100(\text{m})$$

---

03 A씨는 집에서 회사까지 2km/h로 출근을 하고, 퇴근 후 회사에서 다시 그보다 5km가 먼 학원을 3km/h로 걸어 총 5시간을 걸었다. 집 · 회사 · 학원이 일직선상에 있다고 할 때, 집에서 학원까지의 거리는?

① 9km
② 11km
③ 13km
④ 15km
⑤ 17km

정답해설 집에서 회사까지의 거리 : x

회사에서 학원까지의 거리 : $x+5$

$$\frac{x}{2}+\frac{x+5}{3}=5$$

$$\frac{3x+2x+10}{6}=5$$

$$5x+10=30$$

$$x=4(\text{km})$$

$\therefore$ 집에서 학원까지의 거리 : $x+x+5=2x+5=13(\text{km})$

---

04 길이가 900m인 화물열차가 어느 터널을 통과하는데 44초가 걸렸고, 길이가 420m인 특급열차가 이 터널을 화물열차의 2배의 속력으로 완전히 통과하는데 16초가 걸렸다. 이때 특급열차의 속력은?

① 50m/s
② 60m/s
③ 70m/s
④ 80m/s
⑤ 90m/s

터널의 길이를 xm, 화물열차의 속력을 ym/s라 하면

$\dfrac{x+900}{y}=44$, $x-44y=-900$ … ㉠

$\dfrac{x+420}{2y}=16$, $x-32y=-420$ … ㉡

㉠, ㉡을 연립하면 $y=40$

화물열차의 속력은 40m/s이므로

특급열차의 속력은 $40 \times 2 = 80$m/s

05 정혁이는 앞산을 올라갈 때는 시속 **2km**, 내려올 때에는 같은 코스를 시속 **3km**의 속력으로 내려왔더니 2시간 30분이 걸렸다. 앞산을 올라간 거리는 얼마인가?

① 1km ② 2km

③ 3km ④ 4km

⑤ 5km

 올라갈 때와 내려올 때의 코스가 같으므로 올라간 거리를 x라 하면 내려온 거리도 x가 된다.

시간$=\dfrac{거리}{속력}$이므로

$\dfrac{5}{2}=\dfrac{x}{2}+\dfrac{x}{3}$

$15=3x+2x$, $5x=15$

$\therefore x=3(\text{km})$

소요시간		채점결과	
목표시간	2분 30초	총 문항수	5문항
실제 소요시간	( )분 ( )초	맞은 문항 수	( )문항
초과시간	( )분 ( )초	틀린 문항 수	( )문항

기출유형분석

⏱ 문제풀이 시간 : 30초

▶ 원가가 400원인 공책이 있다. 이 공책을 정가의 20%를 할인해서 팔아도 8%의 이익을 남게 하기 위해서는 원가에 몇 %의 이익을 붙여 정가를 정해야 하는가?

① 32%　　　　　　　　② 35%

③ 37%　　　　　　　　④ 42%

④ 45%

 원가에 $x\%$ 이익을 붙여 정가를 정하면

정가 : $400(1+x)$

$400(1+x)(1-0.2) = 400(1+0.08)$

$320 + 320x = 432$

$320x = 112$

$x = 0.35$

∴ 원가에 35%의 이익을 붙여서 정가를 정해야 한다.

정답 ②

[01~05] 다음 문제를 읽고 물음에 답하시오.

총 문항 수 : 5문항 | 총 문제풀이 시간 : 2분 30초 | 문항당 문제풀이 시간 : 30초

01 　 어느 회사에서는 두 종류의 물건 A, B를 생산하고 있다. 지난달에 생산한 물건의 개수는 모두 합하여 1300개였는데, 이번 달에는 A는 6%, B는 4% 더 생산하여 지난달보다 60개를 더 생산하려고 한다. 지난달에 생산한 물건 A의 개수는?

① 200개　　　　　　　　② 300개

③ 400개　　　　　　　　④ 500개

⑤ 600개

지난달에 생산한 물건 A, B의 개수를 각각 x, y라 하면
$x+y=1300 \cdots \bigcirc$
더 생산하려는 물건의 개수는 각각 $0.06x$, $0.04y$이므로
$0.06x+0.04y=60 \cdots \bigcirc$
$\bigcirc$, $\bigcirc$을 연립하면 $x=400$
따라서 지난달에 생산한 물건 A의 개수는 400개이다.

02 어느 회사의 작년의 직원 수는 605명이었지만, 올해에는 남직원이 8% 감소하고, 여직원이 15% 증가하여 621명이 되었다. 올해의 여직원 수는 몇 명인가?

① 312명　　　　② 322명
③ 332명　　　　④ 342명
⑤ 352명

 작년의 남직원 수를 x명, 여직원 수를 y명이라 하면
$x+y=605 \cdots \bigcirc$
$-0.08x+0.15y=621-605$
$-8x+15y=1600 \cdots \bigcirc$
$\bigcirc$, $\bigcirc$을 연립하면 $y=280$
따라서 올해 여직원의 수는 $280 \times 1.15 = 322$(명)이다.

03 장난감 매장에서 원가 2만 원짜리 장난감에, 이윤을 20% 추가하여 정가로 하였다가 오랫동안 팔리지 않아 정가의 30%를 깎아 팔았다. 이 장난감의 가격은?

① 13,200원
② 14,400원
③ 15,600원
④ 16,800원
⑤ 17,200원

정답해설 정가 : 20,000(1+0.2)=24,000
따라서 24,000(원)의 30%를 깎았으므로
∴ 24,000(1-0.3)=16,800(원)

04 A고등학교에서는 정원을 줄이려고 신입생 수를 매해 10%씩 감소시켜왔다. 올해 신입생이 567명이라면 1학년부터 3학년까지 총 재학생은 몇 명인가?

① 1832명
② 1856명
③ 1857명
④ 1878명
⑤ 1897명

정답해설 3학년생 수를 x라 하면,
$x \times 0.9 \times 0.9 = 567$, $x = 700$(명)
2학년생 수 : $700 \times 0.9 = 630$(명)
∴ 총 재학생 수는 $700 + 630 + 567 = 1897$(명)

📣 이문제중요★

05 보험 설계사인 세리와 승준이의 이번 달 신규계약건수가 지난 달에 비해 세리는 20% 증가, 승준이는 30% 감소했고, 두 사람이 합해서 10% 감소했다. 이번 달에 승준이의 계약건수가 21건이라면 지난 달 두 사람의 계약건수의 합은 얼마인가?

① 20건　　　　　　　　　② 30건
③ 40건　　　　　　　　　④ 50건
⑤ 60건

> **정답해설** 지난 달 세리의 계약건수를 x, 지난 달 승준이의 계약건수를 y라 하면,
> $0.7 \times y = 21$
> $1.2 \times x + 0.7 \times y = 0.9(x+y)$
> $x=20, y=30$
> ∴ 지난달 계약건수의 합은 50건이다.

소요시간		채점결과	
목표시간	2분 30초	총 문항수	5문항
실제 소요시간	( )분 ( )초	맞은 문항 수	( )문항
초과시간	( )분 ( )초	틀린 문항 수	( )문항

⏱ 문제풀이 시간 : 30초

▶ A는 5시간, B는 7시간 걸리는 일이 있다. 이 일을 A, B가 협력해서 한다면 얼마나 걸리겠는가?

① 2시간 ② 2시간 35분

③ 2시간 55분 ④ 3시간

⑤ 3시간 15분

 A의 시간당 작업량$=\dfrac{1}{5}$, B의 시간당 작업량$=\dfrac{1}{7}$

2명이 했을 때 걸리는 시간$=1\div\left(\dfrac{1}{5}+\dfrac{1}{7}\right)=1\div\dfrac{12}{35}=\dfrac{35}{12}$

$\dfrac{35}{12}=2+\dfrac{11}{12}=2+\dfrac{55}{60}$

∴ 2시간 55분

 • 일의 양

전체 일의 양 또는 부피를 1이라 하면 다음의 공식이 성립한다.

− 작업속도$=\dfrac{1}{\text{걸리는 시간}}$

− 걸리는 시간$=\dfrac{\text{일의 양}(=1)}{\text{작업속도}}$

정답 ③

[01~05] 다음 문제를 읽고 물음에 답하시오.

총 문항 수 : 5문항 | 총 문제풀이 시간 : 2분 30초 | 문항당 문제풀이 시간 : 30초

01 어떤 작업을 하는 데 단이는 15시간, 은동이는 9시간이 걸린다고 한다. 이 작업을 단이와 은동이가 3시간 동안 같이 하다가 은동이가 혼자 일을 하게 되었다. 이 작업을 완성하기 위해 은동이 혼자 일해야 하는 시간은?

① 3시간 12분 ② 3시간 15분

③ 4시간 12분

④ 4시간 15분

⑤ 4시간 45분

 전체 일의 양을 1이라 하면

단이의 시간당 작업량 : $\frac{1}{15}$, 은동이의 시간당 작업량 : $\frac{1}{9}$

은동이가 혼자서 일한 시간 : x

$\frac{3}{15} + \frac{3+x}{9} = 1$

$9 + 15 + 5x = 45$

$\therefore x = 4.2$시간$=4$시간 12분

02 3명이 하면 32시간이 걸리는 작업을 8시간에 끝마치려고 한다. 몇 명의 사람이 더 필요한가?

① 8명

② 9명

③ 10명

④ 11명

⑤ 12명

 작업시간을 $\frac{8}{32} = \frac{1}{4}$로 단축시켜야 하므로 필요한 사람은 4배, 즉 $3 \times 4 = 12$(명)으로 늘려야 한다.

$\therefore$ 추가로 필요한 사람 수$=12 - 3 = 9$(명)

03 물통에 물을 채우려고 한다. **A**호스로 4시간 채우고, 나머지를 **B**호스로 2시간 채우면 가득 채울 수 있고, **A**호스로 2시간 채우고, 나머지를 **B**호스로 3시간 채우면 가득 채울 수 있다고 한다. **B**호스로만 물통을 가득 채우려면 몇 시간이 걸리는가?

① 4시간   ② 5시간

③ 6시간   ④ 7시간

⑤ 8시간

정답해설 물통에 물이 가득 찼을 때의 물의 양을 1이라고 하면

A호스와 B호스로 1시간 동안 채울 수 있는 물의 양을 각각 x, y라 하면

$4x + 2y = 1$

$2x + 3y = 1$

$x = \dfrac{1}{8}$, $y = \dfrac{1}{4}$

따라서 B호스로만 물통을 가득 채우려면 4시간 걸린다.

04 어떤 물통에 물을 가득 채우는 데 **A**관은 10분, **B**관은 15분이 걸린다. **A**관과 **B**관을 동시에 틀면 몇 분 만에 물통에 물이 가득 차는가?

① 3분   ② 4분

③ 5분   ④ 6분

⑤ 7분

정답해설 물통에 물이 가득 찬 상태를 1이라 하면, A관은 1분 동안 $\dfrac{1}{10}$, B관은 $\dfrac{1}{15}$을 채운다.

물통에 물이 가득 차는 데 걸린 시간을 x라 하면,

$\left(\dfrac{1}{10} + \dfrac{1}{15} \right) x = 1$

$\dfrac{5}{30} x = 1$

$\therefore x = 6(분)$

05

A는 10일, B는 20일 걸리는 일이 있다. 둘은 공동작업으로 일을 시작했으나, 도중에 A가 쉬었기 때문에 끝마치는 데 16일 걸렸다. A가 쉰 기간은 며칠인가?

① 10일 ② 12일

③ 14일 ④ 16일

⑤ 18일

정답해설 A의 1일 일량 : $\frac{1}{10}$, B의 1일 일량 : $\frac{1}{20}$

B가 일한 날 수 : 16일, B의 총 일량 : $\frac{1}{20} \times 16 = \frac{4}{5}$

A의 일한 날 수 : $\left(1 - \frac{4}{5}\right) \div \frac{1}{10} = 2$(일)

∴ A가 쉰 날 수 : $16 - 2 = 14$(일)

소요시간		채점결과	
목표시간	2분 30초	총 문항수	5문항
실제 소요시간	( )분 ( )초	맞은 문항 수	( )문항
초과시간	( )분 ( )초	틀린 문항 수	( )문항

기출유형분석

🕐 문제풀이 시간 : 30초

▶ 자판기에서 수금한 동전의 총 개수가 257개이다. 50원짜리 동전은 10원짜리 동전보다 15개가 적고, 100원짜리 동전은 10원짜리 동전보다 22개가 많으며, 500원짜리 동전의 합계금액은 12,500원이다. 50원짜리 동전의 합계 금액은?

① 2,000원

② 3,000원

③ 4,000원

④ 5,000원

⑤ 6,000원

 10원짜리 동전의 개수를 x(개)라 할 때, 나머지 동전의 개수는 다음과 같다.

50원짜리 동전의 개수 : $x-15$(개)

100원짜리 동전의 개수 : $x+22$(개)

500원짜리 동전의 개수 : $12,500 \div 500 = 25$(개)

동전의 총 개수가 257개이므로, $257 = x + x - 15 + x + 22 + 25$, $x = 75$(개)

따라서 50원짜리 동전의 개수는 $75 - 15 = 60$(개)이며, 합계 금액은 $50 \times 60 = 3,000$(원)이다.

정답 ②

[01~06] 다음 문제를 읽고 물음에 답하시오.

총 문항 수 : 6문항 | 총 문제풀이 시간 : 3분 | 문항당 문제풀이 시간 : 30초

01 12명이 5개씩 귤을 나누면 7개가 부족하다고 할 때, 8명이 3개씩 나누어 가질 경우 남는 귤의 수는?

① 17개

② 22개

③ 25개

④ 29개

⑤ 33개

 12명이 5개씩 귤을 나누면 7개가 부족하므로 귤의 개수는 $12 \times 5 - 7 = 53$(개)이다.

8명이 3개씩 나누어 가지면 $8 \times 3 = 24$(개)의 귤이 필요하므로

∴ 남는 귤의 수는 $53 - 24 = 29$(개)이다.

이문제중요★

02 과수원에서 딴 사과가 150개 있다. 사과를 5개씩 넣은 상자와 7개씩 넣은 상자를 묶으면 24상자가 되고 사과 2개가 남는다. 사과 7개가 들어간 상자의 수는?

① 11상자
② 12상자
③ 13상자
④ 14상자
⑤ 15상자

정답해설 사과 5개를 넣은 상자 : x
사과 7개를 넣은 상자 : y
$x+y=24$(상자) … ㉠
$5x+7y=150-2$, $5x+7y=148$ … ㉡
㉠, ㉡을 연립하여 풀면
∴ $y=14$(상자)

03 150원짜리 우표와 200원짜리 우표를 합해서 21장을 사고, 4,000원을 냈는데 200원의 잔돈을 거슬러 받았다. 150원짜리 우표의 수는?

① 6장
② 8장
③ 10장
④ 12장
⑤ 14장

정답해설 150원짜리 우표 : x, 200원짜리 우표 : y
$x+y=21$(장)
$150x+200y=4,000-200$, $150x+200y=3,800$(원)
$y=21-x$를 $150x+200y=3,800$에 대입하여 풀면
$150x+200(21-x)=3,800$(원)
$150x+4,200-200x=3,800$(원)
∴ $x=8$(장)

04 현재 어머니와 딸의 나이를 합하면 64세이다. 8년 전에 어머니의 나이가 딸 나이의 3배였다고 하면, 현재 딸의 나이는 몇 세인가?

① 14세   ② 16세

③ 20세   ④ 24세

⑤ 26세

정답해설 현재 딸의 나이 : x, 현재 어머니의 나이 : y

$x+y=64$ ··· ㉠

$y-8=3(x-8)$, $y=3x-16$ ··· ㉡

㉠, ㉡을 연립하여 풀면

$x+3x-16=64$, $4x=80$

$\therefore x=20$(세)

05 연속하는 세 짝수의 합이 114일 때, 가장 작은 짝수는?

① 36   ② 38

③ 40   ④ 42

⑤ 48

정답해설 연속하는 세 짝수를 x, $x+2$, $x+4$라 하면

$x+(x+2)+(x+4)=114$

$3x=108$

$\therefore x=36$

06 어느 공원에 있는 산책로의 길이는 **320m**이며, 이 길가의 좌우 양쪽에 **4m** 간격으로 나무를 심으려고 한다. 길의 양 끝에도 나무를 심는다고 하면 몇 그루의 나무가 필요한가?

① 162그루 ② 172그루

③ 184그루 ④ 194그루

⑤ 208그루

 길가의 양 끝에도 심으므로, $320 \div 4 + 1 = 81$(그루)

좌우 양쪽에 심으므로, $81 \times 2 = 162$(그루)

∴ 162(그루)

소요시간		채점결과	
목표시간	3분	총 문항수	6문항
실제 소요시간	( )분 ( )초	맞은 문항 수	( )문항
초과시간	( )분 ( )초	틀린 문항 수	( )문항

기출유형분석

🕐 문제풀이 시간 : 30초

▶ 시계바늘이 5시 36분을 가리킬 때, 시침과 분침이 이루는 각은 몇 도인가?

① 46° ② 48°

③ 49° ④ 50°

⑤ 56°

정답 해설 1분에 시침은 0.5°씩 움직이고, 분침은 6°씩 움직인다.

따라서 5시 36분의 시침은 $5 \times 30° + 36 \times 0.5° = 150° + 18° = 168°$

분침은 $36 \times 6° = 216°$

∴ $216° - 168° = 48°$

정답 ②

[01~02] 다음 문제를 읽고 물음에 답하시오.

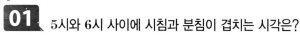

총 문항 수 : 2문항 | 총 문제풀이 시간 : 1분 | 문항당 문제풀이 시간 : 30초

 이문제중요!★

01 5시와 6시 사이에 시침과 분침이 겹치는 시각은?

① 5시 25분 ② 5시 $25\frac{4}{11}$ 분

③ 5시 27분 ④ 5시 $27\frac{3}{11}$ 분

⑤ 5시 47분

정답 해설 시침 : $(30 \times 5) + 0.5x$

분침 : $6x$

$150 + 0.5x = 6x$

$x = \dfrac{300}{11} = 27\dfrac{3}{11}$

∴ 5시 $27\dfrac{3}{11}$ 분

02 어느 직장인은 매일 출근 1시간 15분 전에 일어나 10분간 신문을 보고, 15분간 세수를 하며, 20분간 식사를 한 후 출근을 위해 집에서 나선다. 회사의 출근 시간이 오전 10시라면 집에서 출발한 시간의 시침과 분침의 각도는 얼마인가?

① $105°$

② $115°$

③ $125°$

④ $135°$

⑤ $145°$

정답해설 집에서 출발한 시간 : 10시−1시간 15분+10분+15분+20분=9시 30분

각 시간의 각도 : $360 \div 12 = 30°$

시침이 움직인 각도 : $30 \times 9 + 30 \times 0.5° = 270 + 15 = 285°$

분침이 움직인 각도 : $30 \times 6° = 180°$

$\therefore 285° - 180° = 105°$

소요시간		채점결과	
목표시간	1분	총 문항수	2문항
실제 소요시간	( )분 ( )초	맞은 문항 수	( )문항
초과시간	( )분 ( )초	틀린 문항 수	( )문항

기출유형분석

⏱ 문제풀이 시간 : 30초

▶ 여섯 개의 숫자 0, 1, 2, 3, 4, 5에서 서로 다른 세 가지 숫자를 사용하여 만든 세 자리의 자연수 중 5의 배수는 모두 몇 개인가?

① 28
② 32
③ 36
④ 40
⑤ 42

정답해설

(i) 일의 자리가 0인 경우
백의 자리에 1, 2, 3, 4, 5의 5가지가 올 수 있고, 십의 자리에는 백의 자리의 수를 제외한 4가지가 올 수 있으므로 $5 \times 4 = 20$

(ii) 일의 자리가 5인 경우
백의 자리에 1, 2, 3, 4의 4가지가 올 수 있고, 십의 자리에는 백의 자리의 수를 제외한 3가지와 0까지 4가지가 올 수 있으므로 $4 \times 4 = 16$

(i), (ii)에서 $20 + 16 = 36$(개)

정답 ③

[01~06] 다음 문제를 읽고 물음에 답하시오.

총 문항 수 : 6문항 | 총 문제풀이 시간 : 3분 | 문항당 문제풀이 시간 : 30초

01

6개의 문자 a, a, b, b, c, c를 일렬로 배열할 때, a, a는 이웃하지 않도록 배열하는 경우의 수를 구하면?

① 45
② 50
③ 55
④ 60
⑤ 65

정답해설

6개의 문자 a, a, b, b, c, c를 일렬로 배열하는 경우의 수는

$$\frac{6!}{2!2!2!} = \frac{6 \times 5 \times 4 \times 3 \times 2}{2 \times 2 \times 2} = 90$$

a, a를 한 문자 A로 보고 A, b, b, c, c를 일렬로 배열하는 경우의 수는

$$\frac{5!}{2!2!} = \frac{5 \times 4 \times 3 \times 2}{2 \times 2} = 30$$

따라서 구하는 경우의 수는 $90-30=60$

02 한 개의 주사위를 세 번 던질 때, 나오는 눈이 모두 홀수일 확률은?

① $\frac{1}{3}$

② $\frac{1}{6}$

③ $\frac{1}{8}$

④ $\frac{1}{12}$

⑤ $\frac{1}{16}$

정답해설 주사위를 던질 때 홀수가 나올 확률은 $\frac{1}{2}$이다.

∴ 세 번을 던져 모두 홀수가 나올 확률$=\frac{1}{2} \times \frac{1}{2} \times \frac{1}{2} = \frac{1}{8}$

🔊 이 문제 중요★

03 A 주머니에는 빨간 펜 3자루, 파란 펜 2자루가 들어 있고, B 주머니에는 빨간 펜 4자루, 파란 펜 2자루가 들어 있다. 주머니 하나를 임의로 택하여 펜 2자루를 꺼냈더니 모두 빨간색이었을 때, 그것이 B 주머니에서 나왔을 확률은?

① $\frac{2}{7}$

② $\frac{3}{7}$

③ $\frac{4}{7}$

④ $\frac{5}{7}$

④ $\frac{6}{7}$

정답해설 (i) A 주머니에서 빨간 펜 2자루를 꺼낼 확률

$$\frac{_3C_2}{_5C_2} = \frac{3}{10}$$

(ii) B 주머니에서 빨간 펜 2자루를 꺼낼 확률

$$\frac{_4C_2}{_6C_2}=\frac{2}{5}$$

따라서 구하는 확률은 $\dfrac{\dfrac{2}{5}}{\dfrac{3}{10}+\dfrac{2}{5}}=\dfrac{4}{7}$

04 1에서 14까지의 숫자가 적힌 14장의 카드에서 임의로 한 장을 뽑을 때, 그 카드의 숫자가 2 또는 3의 배수일 확률은 얼마인가?

① $\dfrac{3}{14}$

② $\dfrac{5}{14}$

③ $\dfrac{9}{14}$

④ $\dfrac{11}{14}$

⑤ $\dfrac{13}{14}$

정답해설 1에서 14까지 쓰인 14장의 카드 중에서
$m(2$의 배수가 쓰인 카드$)=7$이고
$n(3$의 배수가 쓰인 카드$)=4$이다.
또한, $r(2$와 3의 공배수가 쓰인 카드$)=2$이므로
$$\frac{7}{14}+\frac{4}{14}-\frac{2}{14}=\frac{9}{14}$$
$$\therefore \frac{9}{14}$$

05 접시에 김밥과 유부초밥이 32개 있다. 유부초밥의 개수가 김밥의 $\dfrac{3}{5}$개 일 때, 유부초밥을 2번 연속으로 먹을 확률은?

① $\dfrac{33}{248}$

② $\dfrac{33}{256}$

③ $\dfrac{95}{248}$

④ $\dfrac{95}{256}$

수리논리

⑤ $\dfrac{103}{248}$

정답해설 김밥 : x, 유부초밥 : y

$x+y=32$, $0.6x=y$

$x=20$, $y=12$

유부초밥을 두 번 연속으로 먹을 확률이므로

∴ $\dfrac{12}{32} \times \dfrac{11}{31} = \dfrac{33}{248}$

 이문제중요

06 4문제 중 3문제 이상을 맞히면 합격하는 시험이 있다. 3문제 중 2문제의 비율로 문제를 맞히는 학생이 이 시험에서 합격할 확률은?

① $\dfrac{16}{27}$

② $\dfrac{17}{27}$

③ $\dfrac{2}{3}$

④ $\dfrac{19}{27}$

⑤ $\dfrac{23}{27}$

정답해설 3문제를 맞힐 확률은 $_4C_3 \left(\dfrac{2}{3}\right)^3 \left(\dfrac{1}{3}\right)^1 = \dfrac{32}{81}$

4문제를 맞힐 확률은 $_4C_4 \left(\dfrac{2}{3}\right)^4 \left(\dfrac{1}{3}\right)^0 = \dfrac{16}{81}$

∴ $\dfrac{32}{81} + \dfrac{16}{81} = \dfrac{48}{81} = \dfrac{16}{27}$

소요시간		채점결과	
목표시간	3분	총 문항수	6문항
실제 소요시간	( )분 ( )초	맞은 문항 수	( )문항
초과시간	( )분 ( )초	틀린 문항 수	( )문항

정답 04 ③ | 05 ① | 06 ①

67

2. 자료해석

▶ 다음은 취업자 동향을 나타낸 [표]이다. 이에 대한 설명으로 옳지 않은 것을 고르시오.

[표] 취업자 동향

(단위 : 천 명, %, %p, 전년동월대비)

구분	2022년 5월	2023년 5월	증감	증감률
전체	26,992	27,064	72	0.3
남성	15,511	15,474	−37	−0.2
여성	11,481	11,589	108	0.9

① 2023년 5월 취업자는 전년동월대비 7만 2천명 증가하였다.
② 남성의 경우 취업자는 전년동월대비 0.2%p 증가하고 있다.
③ 여성의 경우 취업자는 전년동월대비 0.9%p 증가하였다.
④ 2023년 5월 취업자 중 여성의 비율은 약 42.8%이다.
⑤ 2022년 5월 취업자 중 남성의 비율은 약 57.4%이다.

정답해설

② 남성의 경우 취업자는 전년동월대비 0.2%p 감소하고 있다.

① 2023년 5월 취업자는 증감부분에서 전년동월대비 7만 2천명 증가하였음을 알 수 있다.

③ 여성의 경우 취업자는 증감률부분에서 전년동월대비 0.9%p 증가하였음을 알 수 있다.

④ 2023년 5월 취업자 중 여성의 비율은 $\frac{11,589}{27,064} \times 100 ≒ 42.8\%$이다.

⑤ 2022년 5월 취업자 중 남성의 비율은 $\frac{15,511}{26,992} \times 100 ≒ 57.4\%$이다.

정답 ②

[01~02] 다음은 A국 제조업체의 이익수준과 적자 보고율에 대한 [표]이다. 물음에 답하시오.

총 문항 수 : 2문항 | 총 문제풀이 시간 : 2분 | 문항당 문제풀이 시간 : 1분

[표] A국 제조업체의 이익수준과 적자 보고율

연도	조사대상 기업 수 (개)	이익수준					적자 보고율 (%)
		전체		구간			
		평균	표준편차	하위평균	중위평균	상위평균	
2018	520	0.0373	0.0907	0.0101	0.0411	0.0769	0.17
2019	540	0.0374	0.0923	0.0107	0.0364	0.0754	0.15
2020	580	0.0395	0.0986	0.0107	0.0445	0.0818	0.17
2021	620	0.0420	0.0975	0.0140	0.0473	0.0788	0.15
2022	530	0.0329	0.1056	0.0119	0.0407	0.0792	0.18
2023	570	0.0387	0.0929	0.0123	0.0414	0.0787	0.17

※ 적자 보고율 = $\dfrac{\text{적자로 보고한 기업 수}}{\text{조사대상 기업 수}}$

※ 이익수준 = $\dfrac{\text{이익}}{\text{총자산}}$

📢 이 문제 중의★

01 2019년 조사대상 기업 중 이익수준을 적자로 보고한 기업수를 구하면?

① 78개   ② 79개

③ 80개   ④ 81개

⑤ 82개

정답해설 2019년 적자 기업수를 x라 하면 적자 보고율을 구하는 식에 의하여

$$\frac{x}{540}=0.15,\ x=81$$

02 2021년에 조사대상 기업 이익수준의 전체 평균이 254억 1천만 원이라면 총자산은 얼마인가?

① 6,050억 원   ② 6,100억 원

③ 6,150억 원   ④ 6,200억 원

⑤ 6,250억 원

정답해설 총자산을 x라 하고, 2021년 조사대상 기업 이익수준의 전체 평균을 이익수준을 구하는 식에 대입하면

$$\frac{254.1}{x}=0.0420,\ x=6,050(\text{억 원})$$

∴ 6,050억 원이다.

03 다음은 〈계산식〉에 의하여 산출된 세 가지 사례를 나타낸 [표]이다. 특허출원 수수료는 다음과 같은 〈계산식〉에 의하여 결정된다. 면당 추가료와 청구항당 심사청구료를 각각 구하면?

[표] 특허출원 수수료 사례

구분	사례 A	사례 B	사례 C
	대기업	중소기업	개인
전체면수(장)	20	20	40
청구항수(개)	2	3	2
감면 후 수수료(원)	70,000	45,000	27,000

〈계산식〉
- 특허출원 수수료＝출원료＋심사청구료
- 출원료＝기본료＋(면당 추가료×전체면수)
- 심사청구료＝청구항당 심사청구료×청구항수

※ 특허출원 수수료는 개인은 70%, 중소기업은 50%가 감면되지만, 대기업은 감면되지 않음

	면당 추가료	청구항당 심사청구료
①	1,000원	15,000원
②	1,000원	20,000원
③	1,500원	15,000원
④	1,500원	20,000원
⑤	1,500원	25,000원

정답해설 특허출원 수수료＝출원료＋심사청구료
＝기본료＋(면당 추가료×전체면수)＋청구항당 심사청구료×청구항수
구하고자 하는 면당 추가료를 x, 청구항당 심사청구료를 y라 하면.
사례 A : 기본료＋20x＋2y＝70,000원
사례 B : 기본료＋20x＋3y＝90,000원(50% 감면 전)
사례 C : 기본료＋40x＋2y＝90,000원(70% 감면 전)
연립하여 계산하면 x＝1,000원. y＝20,000원이다.

04 다음은 박은식의 『한국독립운동지혈사』에서 발췌한 3·1 운동 관련 자료이다. 가, 나, 다, 라, 마 지역의 3·1 운동 참여자 중 사망자의 비율은? (단, 소수점 둘째 자리에서 반올림한다.)

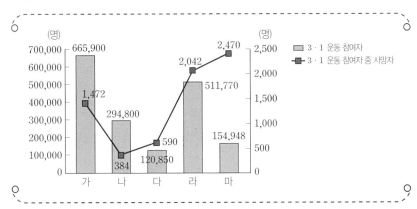

① 약 0.25%

② 약 0.28%

③ 약 0.31%

④ 약 0.36%

⑤ 약 0.4%

정답 해설 가, 나, 다, 라, 마 지역의 3·1 운동 참여자 :

$665,900 + 294,800 + 120,850 + 511,770 + 154,948 = 1,748,268$(명)

가, 나, 다, 라, 마 지역의 3·1 운동 참여자 중 사망자 :

$1,472 + 384 + 590 + 2,042 + 2,470 = 6,958$(명)

$\therefore \dfrac{6,958}{1,748,268} \times 100 \fallingdotseq 0.4\,(\%)$

[05~06] 다음 자료를 보고 물음에 답하시오.

총 문항 수 : 2문항 | 총 문제풀이 시간 : 2분 | 문항당 문제풀이 시간 : 1분

[표1] 해양오염사고발생 현황 – 원인별

원인별	2021년		2022년		2023년	
	건수(건)	유출량(kl)	건수(건)	유출량(kl)	건수(건)	유출량(kl)
합계	285	364.7	345	14,021.8	265	435.9
해난	73	128.2	124	13,941.3	62	342.0
부주의	117	11.7	146	14.9	141	38.5
고의	14	1.2	23	3.1	16	51.8
파손	74	223.4	45	61.5	22	0.9
기타	7	0.2	7	1.0	24	2.7

[표2] 해양오염사고발생 현황 – 배출원별

배출원별(1)	배출원별(2)	2021년		2022년		2023년	
		건수(건)	유출량(kl)	건수(건)	유출량(kl)	건수(건)	유출량(kl)
합계	소계	285	364.7	345	14,021.8	265	435.9
선박	소계	237	153.0	299	13,961.0	212	369.5
	화물선	33	58.4	47	140.5	32	3.5
	유조선	26	11.4	36	12,626.3	23	301.1
	어선	112	20.6	141	49.3	98	33.7
	기타선	66	62.6	75	1,144.9	59	31.2
육상	소계	41	211.5	39	59.8	28	63.7
기타	소계	7	0.2	7	1.0	25	2.7

05 다음 중 자료를 잘못 분석한 것은?

① 해양오염사고가 가장 많이 일어난 때는 2022년이다.
② 해양오염사고 원인 중 해양 오염에 가장 큰 영향을 미친 것은 해난이다.
③ 2022년에 유출량이 가장 많은 배출원은 유조선이다.
④ 화물선으로 인한 해양오염사고의 유출량은 건수에 비례한다.
⑤ 2023년에 유출량이 가장 적은 배출원은 화물선이다.

정답해설 2021년에는 33건으로 58.4kl이고, 2022년에는 47건으로 140.5kl, 2023년에는 32건으로 3.5kl인 것으로 보아 비례한다고는 할 수 없다.

06 2022년도 해양오염사고의 건수는 전년대비 몇 % 증가하였는가? (단, 소수점 첫째 자리에서 반올림한다.)

① 약 16%   ② 약 21%
③ 약 25%   ④ 약 30%
⑤ 약 35%

정답해설 $\dfrac{345-285}{285} \times 100 = 21(\%)$

07 다음은 학생 20명의 용돈과 소비액의 상관도이다. 다음의 설명 중 옳은 것을 모두 고른 것은?

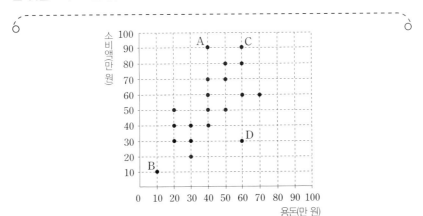

ㄱ. A학생의 소비액은 용돈의 2배 이상이다.

ㄴ. B학생의 용돈과 소비액이 같다.

ㄷ. C학생의 소비액은 용돈의 1.5배이다.

ㄹ. D학생의 용돈은 소비액의 2배이다.

① ㄱ
② ㄱ, ㄴ
③ ㄴ, ㄷ
④ ㄴ, ㄷ, ㄹ
⑤ ㄱ, ㄴ, ㄷ, ㄹ

 ㄱ. A학생의 용돈은 40만 원이고, 소비액은 90만 원이므로 소비액이 용돈의 2배 이상이다.
ㄴ. B학생의 용돈과 소비액은 각각 10만 원으로 같다.
ㄷ. C학생의 용돈은 60만 원이며, 소비액은 용돈의 1.5배인 90만 원이다.
ㄹ. D학생의 용돈은 60만 원으로 소비액인 30만 원의 2배이다.

08 다음은 합계출산율과 기대수명에 따라 65세 이상 인구의 비중이 어떻게 달라지는지 알아보기 위한 시뮬레이션 결과이다. 자료에 대한 설명으로 옳지 않은 것은?

[표] 합계출산율과 기대수명에 따른 65세 이상 인구의 비중

(단위 : %)

기대수명(세) \ 합계출산율(명)	2	3	4	5	6
50	12.7	8.8	5.5	3.7	2.6
60	15.0	8.8	5.4	3.6	2.5
70	16.5	9.8	5.7	3.7	2.6
80	18.0	9.9	6.1	4.0	2.8

※ 합계출산율=한 여성이 단산기에 이르기까지 출산하는 평균 자녀 수

① 합계출산율이 고정되어 있고 기대수명이 70세 이상이라면 65세 이상 인구의 비중은 항상 증가한다.

② 합계출산율이 5나 6인 사회는 표에 제시된 어떠한 기대수명에 대해서도 65세 미만 인구가 95%를 넘는다.

③ 기대수명이 50세에서 80세로 변하는 경우와 합계출산율이 6에서 2로 변하는 경우를 비교하면 후자의 경우가 인구 고령화에 미치는 효과가 상대적으로 더 크다.

④ 합계출산율이 줄어들면 기대수명은 증가한다.

⑤ 기대수명이 고정되어 있고 합계출산율이 변동한다면 65세 이상 인구의 비중은 항상 감소한다.

정답해설 주어진 자료로는 합계출산율과 기대수명 사이의 관계에 대해서 알 수 없다.

[09~10] 다음은 성별 · 연령별 실업률을 나타낸 [표]이다.

총 문항 수 : 2문항 | 총 문제풀이 시간 : 1분 | 문항당 문제풀이 시간 : 30초

[표] 성/연령별 실업률

(단위 : %)

구분		2023.03	2023.05	2023.07	2023.09
연령 계층별	계	3.4	3.0	3.1	3.0
	15~19세	5.9	5.7	12.5	8.8
	20~29세	7.6	6.9	7.0	6.0
	30~39세	3.1	3.2	2.9	3.3
	40~49세	2.4	2.0	2.0	2.0
	50~59세	2.0	1.9	2.0	2.1
	60세 이상	1.4	1.2	1.0	1.0
성별	남성	3.7	3.4	3.5	3.4
	여성	2.8	2.5	2.6	2.4

※ 실업률$(\%) = \dfrac{\text{실업자}}{\text{경제활동인구}} \times 100$

09 다음 자료를 보고 잘못 해석한 것은?

① 10대를 제외할 때 실업률이 가장 높은 연령대는 20대이다.

② 남성의 실업률이 여성의 실업률보다 높다.

③ 실업률이 가장 낮은 연령대는 60세 이상이다.

④ 40대의 실업률은 계속 감소하고 있다.

⑤ 여성의 실업률은 최근 가장 낮다.

정답 해설 40대의 실업률은 2023년 3월에서 5월 사이 감소하다가 5월 이후 변화를 보이지 않는다.

10 경제활동인구가 남녀 각각 **2,000**명이라고 가정할 때, 2023년 9월의 남성 실업자는 여성 실업자보다 몇 명이 더 많은가?

① 15명

② 18명

③ 20명

④ 25명

⑤ 28명

> **정답해설** 2023년 9월 남성 실업자 : $2,000 \times \dfrac{3.4}{100} = 68$(명)
>
> 2023년 9월 여성 실업자 : $2,000 \times \dfrac{2.4}{100} = 48$(명)

11 다음은 A국의 금융서비스 제공방식별 업무처리 건수 비중 현황이다. 이에 대한 설명 중 옳은 것은?

[표] A국의 금융서비스 제공방식별 업무처리

(단위 : %)

구분 연도	대면거래	비대면거래			합계
		CD/ATM	텔레뱅킹	인터넷뱅킹	
2019	13.6	38.0	12.2	36.2	100.0
2020	13.8	39.5	13.1	33.6	100.0
2021	13.7	39.3	12.6	34.4	100.0
2022	13.6	39.8	12.4	34.2	100.0
2023	12.2	39.1	12.4	36.3	100.0

① 2023년의 비대면거래 건수 비중은 2021년 대비 1.5%p 증가하였다.

② 2019~2023년 동안 대면거래 건수 비중은 매년 감소하였다.

③ 2019~2023년 동안 매년 비대면거래 중 업무처리 건수가 가장 적은 제공방식은 인터넷 뱅킹이다.

④ 2019년~2023년 중 대면거래 금액이 가장 많았던 연도는 2020년이다.
⑤ 2023년 대면거래는 인터넷뱅킹보다 24.1% 높다.

① 2021년의 비대면거래 건수 비중은 100 — 13.7 = 86.3(%)이고, 2023년의 비대면거래 건수 비중은 100 — 12.2 = 87.8(%)이다. 따라서 2023년의 비대면거래 건수 비중은 2021년 대비 87.8 — 86.3 = 1.5%p 증가하였다.

② 2020년에는 2019년에 비해 대면거래 건수 비중이 증가하였다.

③ 2019~2023년 동안 매년 비대면거래 중 업무처리 건수가 가장 적은 제공방식은 텔레뱅킹이다.

④ 주어진 자료로는 대면거래 금액을 알 수 없다.

⑤ 2023년 대면거래는 인터넷뱅킹보다 24.1% 낮다.

⭐ TIP 자료 해석 영역을 위한 노하우

- **오답부터 제거하자** : 자료 해석 영역은 이름 그대로 자료를 얼마나 빠르고 정확하게 해석할 수 있는가에 중점을 두고 있으므로, 선택지 중에는 계산 과정 없이도 걸러낼 수 없는 오답이 상당수 포함되어 있다.

- **자의적으로 판단하지 말 것** : 대부분의 경우 자료 해석 문제를 해결하기 위해서는 추론 과정을 거쳐야 한다. 여기서 추론은 주어진 자료 내에서만 해야 한다.

- **지시문과 선택지를 통해 문제를 파악하자** : 지시문과 선택지를 먼저 파악할 경우 풀이 시간을 줄일 수 있는 문제들이 존재한다. 지시문과 선택지를 읽어 그 문제를 통해 구해야 하는 것이 무엇인지 확인한 후, 주어진 자료를 훑어보면서 필요 항목에 체크하며 문제를 풀어 나가자.

[12~13] 다음은 분위별 평균 소득에 대하여 조사한 결과이다. [표]를 참고하여 물음에 답하시오.

총 문항 수 : 2문항 | 총 문제풀이 시간 : 2분 | 문항당 문제풀이 시간 : 1분

[표] 분위별 평균 소득

(단위 : 천 원)

구분	I 분위	II 분위	III분위	IV분위	V분위
2021	1,069	1,775	2,387	3,192	5,537
2022	1,093	1,939	2,556	3,406	5,703
2023	1,118	2,028	2,729	3,637	6,054

※ 단, 소득은 V분위가 가장 높다.

12

2021년에 소득 상위 2개 분위 계층의 소득이 전체에서 차지하는 비율은? (단, 소수 다섯째 자리에서 반올림함)

① 약 62.5286%

② 약 62.5287%

③ 약 62.5288%

④ 약 62.5289%

⑤ 약 62.5578%

2021년 5개 분위의 합은 $1,069 + 1,775 + 2,387 + 3,192 + 5,537 = 13,960$(천 원)

2021년 소득 상위 2개 분위 계층의 소득은 $3,192 + 5,537 = 8,729$(천 원)

$\dfrac{8,729(천\ 원)}{13,960(천\ 원)} \times 100 ≒ 62.5287(\%)$

13 **2023년 평균 소득의 전년대비 증가율을 바르게 계산한 것은? (단, 소수 다섯째 자리에서 반올림함)**

① 약 5.9129%
② 약 5.9128%
③ 약 5.9127%
④ 약 5.9126%
⑤ 약 6.104%

정답해설 2023년의 평균 소득 : $\dfrac{1,118+2,028+2,729+3,637+6,054}{5}=3,113.2$(천 원)

2022년의 평균 소득 : $\dfrac{1,093+1,939+2,556+3,406+5,703}{5}=2,939.4$(천 원)

$\dfrac{3,113.2(\text{천 원})-2,939.4(\text{천 원})}{2,939.4(\text{천 원})}\times100≒5.9128(\%)$

[14~15] 다음은 육아휴직 이용과 인력대체 현황에 대하여 조사한 결과이다. [표]를 참고하여 물음에 답하시오.

총 문항 수 : 2문항 | 총 문제풀이 시간 : 2분 | 문항당 문제풀이 시간 : 1분

[표1] 성별 육아휴직 이용인원 현황

(단위 : 명)

구분	2021년		2022년		2023년	
	대상인원	이용인원	대상인원	이용인원	대상인원	이용인원
남성	18,620	25	15,947	50	15,309	55
여성	9,749	578	8,565	894	9,632	1,133
전체	28,369	603	24,512	944	24,941	1,188

※ 육아휴직 이용률($\%$) $= \dfrac{\text{육아휴직 이용인원}}{\text{육아휴직 대상인원}} \times 100$

[표2] 육아휴직 이용과 인력대체 현황(2022년)

(단위 : 명)

구분	대상인원	이용인원	대체인원
중앙행정기관	14,929	412	155
지방자치단체	10,012	776	189
계	24,941	1,188	344

※ 육아휴직 인력대체율($\%$) $= \dfrac{\text{육아휴직 대체인원}}{\text{육아휴직 이용인원}} \times 100$

🔊 이문제중의 ★☆

14 2023년 지방자치단체의 육아휴직 인력대체율은? (단, 소수점 둘째자리에서 반올림함)

① 약 23.1%

② 약 23.2%

③ 약 23.8%

④ 약 24.4%

⑤ 약 24.8%

정답해설 $\frac{189}{776} \times 100 \fallingdotseq 24.4(\%)$

15 2021년 대비 2023년의 남성 육아휴직 이용률 증가폭은? (단, 소수점 둘째자리에서 반올림함)

① 약 0.38%p

② 약 0.34%p

③ 약 0.31%p

④ 약 0.28%p

⑤ 약 0.23%p

정답해설 2021년의 남성 육아 휴직 이용률 : $\frac{25}{18,620} \times 100 \fallingdotseq 0.13\%$

2023년의 남성 육아 휴직 이용률 : $\frac{55}{15,309} \times 100 \fallingdotseq 0.36\%$

∴ 0.36 - 0.13 = 0.23%p

소요시간		채점결과	
목표시간	15분	총 문항수	15문항
실제 소요시간	( )분 ( )초	맞은 문항 수	( )문항
초과시간	( )분 ( )초	틀린 문항 수	( )문항

기출유형분석

⏱ 문제풀이 시간 : 1분

▶ 다음 〈표〉는 1807년 전국의 전답(田畓) 결수와 전세(田稅)를 나타낸다. 이에 대한 설명으로 옳은 것은?

〈표〉 1807년 전국의 전답 결수 및 전세

구분	전답 결수				전세	
	논(결)	밭(결)	합(결)	비율(%)	세액(냥)	비율(%)
경기도	14,907	22,637	37,544	4.6	21,592	3.2
충청도	58,719	62,114	120,833	14.9	108,455	16.0
전라도	133,574	71,186	204,760	25.2	221,129	32.6
경상도	99,692	101,861	201,553	24.9	195,506	28.9
강원도	3,911	7,658	11,569	1.4	12,166	1.8
함경도	4,986	61,553	66,539	8.2	17,101	2.5
황해도	11,106	57,442	68,548	8.5	65,121	9.6
평안도	12,070	72,840	84,910	10.5	27,569	4.1
유수부	6,863	7,700	14,563	1.8	8,859	1.3
계	345,828	464,991	810,819	100.0	677,498	100.0

① 논의 결수가 큰 지역일수록 전세액이 크다.

② 논의 결수보다 밭의 결수가 큰 지역은 7개이다.

③ 전답 결수가 큰 지역일수록 전세의 비율도 높다.

④ 논과 밭의 결수 차이가 가장 큰 지역은 전답 결수의 비율과 전세의 비율 차이도 가장 크다.

⑤ 논과 밭의 결수 비율이 가장 낮은 지역이 전세 비율도 가장 낮다.

정답해설 전라도가 논과 밭의 결수 차이(133,574−71,186=62,388)가 가장 크고, 전답 결수의 비율과 전세의 비율 차이(32.6−25.2=7.4)도 가장 크다.

오답해설 ① 평안도가 황해도보다 논의 결수가 더 크지만, 전세액은 작다.

② 경기도, 충청도, 경상도, 강원도, 함경도, 황해도, 평안도, 유수부로 총 8개이다.
③ 함경도가 경기도보다 전답 결수가 더 크지만, 전세의 비율은 낮다.
⑤ 논과 밭의 결수 비율이 가장 낮은 지역은 강원도이지만, 전세 비율이 가장 낮은 지역은 유수부이다.

정답 ④

[01~15] 다음 자료를 보고 물음에 답하시오.

총 문항 수 : 15문항 | 총 문제풀이 시간 : 15분 | 문항당 문제풀이 시간 : 1분

01 다음 〈표〉는 A시의 20세 이상 성인 남녀를 대상으로 자원봉사참여, 기부경험 및 행복지수에 관한 설문조사를 실시한 결과이다. 이에 대한 설명 중 옳지 않은 것은?

〈표〉 A시 자원봉사참여율과 기부경험률

(단위 : %)

구분	연령대	자원봉사 참여율	기부 경험률
남성	20대	13.4	29.8
	30대	10.0	39.0
	40대	13.1	41.5
	50대	15.0	40.8
	60대 이상	12.3	29.8
여성	20대	13.6	34.7
	30대	23.1	46.4
	40대	25.3	45.6
	50대	20.0	42.1
	60대 이상	10.1	21.4
응답자 전체		16.0	37.8

〈표〉 A시 자원봉사참여 여부에 따른 행복지수

(단위 : 점)

구분	자원봉사 비참여	자원봉사 참여
20대	6.86	6.80
30대	6.66	6.71
40대	6.52	6.66
50대	6.25	6.57
60대 이상	5.34	6.22

① 기부경험률은 30대 여성과 40대 여성이 특히 높고, 자원봉사 참여율 역시 30대 여성과 40대 여성이 다른 집단에 비해 높은 것으로 나타났다.

② 30, 40, 50대의 각 연령대별 남성의 경우, 기부경험률은 응답자 전체 기부경험률보다 높으나 자원봉사참여율은 응답자 전체 자원봉사참여율보다 낮다.

③ 20대를 제외한 각 연령대에서 자원봉사에 참여하는 사람들의 행복지수가 참여하지 않는 사람들에 비해서 높은 것으로 나타났다.

④ 자원봉사참여자의 경우 연령대가 높아짐에 따라 행복지수 하락폭이 비참여자보다 크게 나타났다.

⑤ 여성에 비해 자원봉사 참여율이 높은 남성의 연령대가 기부 경험률도 여성보다 높은 것으로 나타났다.

정답해설 자원봉사참여자의 경우 연령대가 높아짐에 따라 행복지수 하락폭이 비참여보다 작게 나타났다.

02 다음은 어느 지역의 급식 시행 학교 수와 급식인력 현황을 나타낸 〈표〉이다. 전체 급식 시행 학교에서 급식인력은 평균 몇 명인가? (단, 소수점 이하는 반올림한다.)

〈표〉 학교별 급식 시행 학교 수와 급식인력 현황

(단위 : 개, 명)

구분	급식 시행 학교 수	직종별 급식인력					
		영양사			조리사	조리 보조원	급식인력 합계
		정규직	비정규직	소계			
초등학교	137	95	21	116	125	321	562
중학교	81	27	34	61	67	159	287
고등학교	63	56	37	93	59	174	326
특수학교	5	4	0	4	7	9	20
전체	286	182	92	274	258	663	1,195

① 약 3명
② 약 4명
③ 약 5명
④ 약 6명
⑤ 약 7명

정답해설 전체 급식 시행 학교 수는 286개이고, 총 급식인력은 1,195명으로 전체 급식 시행 학교에 대한 평균 급식인력은

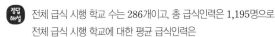

$$\frac{\text{급식 인력 총계}}{\text{전체 급식 시행 학교 수}} = \frac{1,195}{286} = 4.17832\cdots$$

따라서 전체 급식 시행 학교에서 급식인력은 평균 4명이다.

03 다음은 어느 고등학교 3학년 2개 반의 국어, 영어, 수학 과목 시험성적에 관한 〈표〉이다. 이에 대한 내용으로 옳지 않은 것은?

〈표〉 반별 · 과목별 시험성적

(단위 : 점)

구분	평균				전체
	1반		2반		
	남학생(20명)	여학생(10명)	남학생(15명)	여학생(15명)	
국어	6.0	6.5	A	6.0	365
영어	B	5.5	5.0	6.0	320
수학	5.0	5.0	6.0	5.0	315

※ 각 과목의 만점은 10점임.

① A는 B보다 크다.

② 국어 과목의 경우 2반 학생의 평균이 1반 학생의 평균보다 높다.

③ 3개 과목 전체 평균의 경우 1반의 여학생 평균이 1반의 남학생 평균보다 높다.

④ 전체 남학생의 수학 평균은 전체 여학생의 수학 평균보다 높다.

⑤ 3개 과목 전체 평균의 경우 1반의 남학생 평균이 2반의 여학생 평균보다 낮다.

정답해설 국어의 경우 2반은 남녀학생 모두 6.0점이고, 1반은 남학생은 6.0점 여학생은 6.5점이므로 1반 학생의 평균이 더 높다.

$A : (6.0 \times 20) + (6.5 \times 10) + (A \times 15) + (6.0 \times 15) = 365$

$\therefore A = 6.0$

$B : (B \times 20) + (5.5 \times 10) + (5.0 \times 15) + (6.0 \times 15) = 320$

$\therefore B = 5.0$

04 다음은 2020년과 2023년 어떤 도시 가구별 평균 소비지출 내역을 나타낸 그래프이다. 2020년도 가구당 총 지출액이 평균 2,000만원이었고 2023년도 가구당 총 지출액이 평균 3,000만원이었다면, 2023년 가구당 교육비는 2020년에 비해 얼마나 증가하였는가?

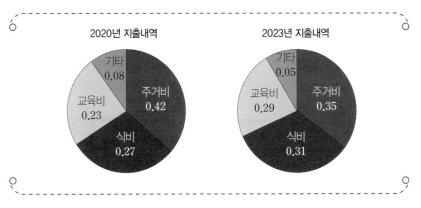

① 230만원

③ 360만원

⑤ 460만원

② 290만원

④ 410만원

정답해설 2020년 가구당 총 지출액이 평균 2,000만원이었고 이 중 교육비가 차지한 비율은 23%이므로, 이 해의 가구당 교육비 지출액은 '2,000 × 0.23 = 460(만 원)'이다. 또한 2023년의 가구당 교육비 지출액은 '3,000 × 0.29 = 870(만 원)'이다. 따라서 2023년의 가구당 교육비는 2020년에 비해 410만원이 증가하였다.

05 다음 표는 소비자물가지수를 나타낸 것이다. 2023년 소비자물가상승률은 얼마인가? (단, 소수점 둘째자리에서 반올림함)

소비자물가지수

(단위 : %)

구분	2017년	2018년	2019년	2020년	2021년	2022년	2023년
소비자물가지수	94.7	96.8	98.0	99.3	100.0	101.0	102.9

※ 소비자물가지수는 2021년＝100을 기준으로 함
※ 소비자물가상승률＝｛(금년도 소비자물가지수÷전년도 소비자물가지수)－1｝×100

① 1.9%   ② 2.0%

③ 2.1%   ④ 2.2%

⑤ 2.3%

 2019년 소비자물가상승률＝｛(102.9÷101.0)－1｝×100≒1.9%

06 다음 표는 우리나라 정보통신산업의 현황에 대한 자료이다. 이에 대한 해석으로 옳은 것은?

〈표〉 정보통신산업의 사업체 수, 종사자 수, 자본금 추이

(단위 : 개소, 명, 억 원)

구분	연도	사업체 수 (A)	종사자 수 (B)	자본금 (C)	업체당 종사자 수(B/A)	업체당 자본금 (C/A)
정보통신 서비스	2020	5,070	99,348	78,051	19.6	15.4
	2021	5,037	104,574	98,321	20.8	19.5
	2022	5,784	106,721	102,673	18.5	17.8
	2023	5,477	113,668	96,697	20.8	17.7
정보통신 기기	2020	5,066	280,601	308,783	55.4	61.0
	2021	4,882	339,356	409,045	69.5	83.8
	2022	5,426	270,458	429,700	49.8	79.2
	2023	7,121	340,149	1,110,067	47.8	155.9
소프트웨어 및 컴퓨터 관련 서비스	2020	2,247	62,680	15,152	27.9	6.7
	2021	4,025	96,292	26,566	23.9	6.6
	2022	5,442	118,495	34,299	21.8	6.3
	2023	5,601	130,928	39,936	23.4	7.1

	2020	12,383	442,629	401,986	35.7	32.5
계	2021	13,944	540,222	533,932	38.7	38.3
	2022	16,652	495,674	566,672	29.8	34.0
	2023	18,199	584,745	1,246,700	32.1	68.5

① 전체적으로 우리나라의 정보통신산업은 빠르게 성장하고 있고, 특히 2020년 대비 2021년의 사업체 수 증가율이 가장 높은 분야는 '정보통신기기'이다.

② 정보통신산업의 자본금 규모는 매년 증가하고 있고, 이는 각 하위분야별로 살펴볼 때도 그러하다.

③ 2023년을 기준으로 볼 때, 정보통신산업의 세 분야 간 사업체 수의 차이나 종사자수의 차이보다 자본금 규모의 차이가 상대적으로 크다.

④ 업체당 종사자수와 업체당 자본금 규모가 모두 가장 큰 분야는 '정보통신기기'인 반면, 둘 다 가장 작은 분야는 '소프트웨어 및 컴퓨터 관련 서비스'이다.

⑤ 2022년에 비해 2023년에 업체당 종사자수와 업체당 자본금이 모두 증가한 분야는 '정보통신기기'이다.

정답해설 2023년을 기준으로 볼 때, 정보통신산업의 세 분야 간 자본금의 편차가 크다. 특히 정보통신기기 분야의 자본금은 다른 분야에 비해 10~25배 정도 많다.

오답해설 ① 2020년 대비 2021년 사업체 수 증가율을 구해보면
정보통신 서비스 : 2020년 5,070개에서 2021년 5,037개로 33개 감소
정보통신기기 : 2020년 5,066개에서 2021년 4,882개로 184개 감소
소프트웨어 및 컴퓨터 관련 서비스 : 2020년 2,247개에서 2021년 4,025개로 1,778개 증가
따라서 사업체 수 증가율이 가장 높은 분야는 소프트웨어 및 컴퓨터 관련 서비스이다.

② 정보통신산업 전체의 자본금은 매년 증가하고 있으나, 정보통신 서비스 분야의 2023년 자본금은 전년도에 비해 오히려 줄었다.

④ 업체당 종사자 수(B/A)와 업체당 자본금(C/A) 모두 정보통신기기 분야가 가장 크지만 업체당 종사자 수(B/A)가 가장 작은 분야는 정보통신 서비스 분야이고 업체당 자본금(C/A)이 가장 작은 분야는 소프트웨어 및 컴퓨터 관련 서비스 분야이다.

⑤ 2022년에 비해 2023년에 업체당 종사자수와 업체당 자본금이 모두 증가한 분야는 '소프트웨어 및 컴퓨터 관련 서비스'이다.

07 다음은 실업자와 실업률의 추세를 나타낸 표이다. 이 자료를 통해 확인할 수 없는 것은?

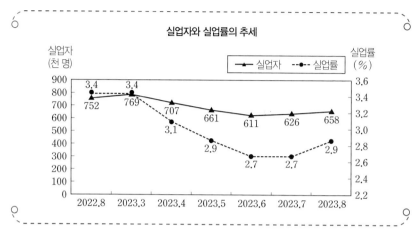

① 2022년 8월부터 2023년 3월까지 실업자 수는 증가하였다.
② 2022년 8월부터 2023년 3월까지 실업률은 변화가 없다.
③ 2023년 6월부터 2023년 7월까지 실업자 수는 증가하였다.
④ 실업자 수가 가장 급격히 감소한 시기는 2023년 4월부터 2023년 5월이다.
⑤ 실업률이 일시적으로 증가한 시기도 있다.

 ④ 2023년 3월에서 2023년 4월까지의 실업자 수는 62,000명 감소하였고, 2023년 4월에서 2023년 5월까지 실업자 수는 46,000명 감소하였다. 따라서 실업자 수가 가장 급격히 감소한 시기는 2023년 3월부터 2023년 4월이다.

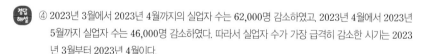 ① 2022년 8월부터 2023년 3월까지의 기간 동안 실업자 수는 17,000명 증가했다.
② 2022년 8월부터 2023년 3월까지의 실업률은 3.4%로 동일하다.
③ 2023년 6월부터 2023년 7월까지의 실업자 수는 15,000명 증가했다.
⑤ 실업률이 일시적으로 증가한 시기는 2023년 7월부터 2023년 8월까지이다.

08 다음 주어진 자료를 통해 해석할 수 있는 내용으로 옳지 않은 것은?

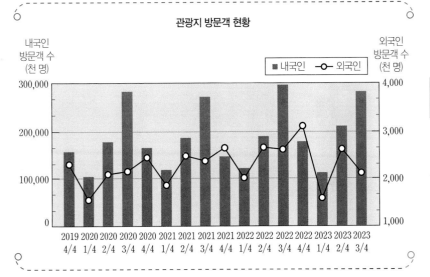

① 내국인의 경우 1년 중 1/4분기의 관광객 수가 가장 적다.

② 외국인의 경우 1년 중 4/4분기의 관광객 수가 가장 많다.

③ 조사기간에 외국인 관광객 수는 2022년 4/4분기에 최고치를 기록하였다.

④ 여행사 측에서 볼 때, 4/4분기에는 주로 내국인을 대상으로 한 마케팅이 효과적이다.

⑤ 1년 중 3/4분기에 내국인과 외국인의 관광객 수 차이가 가장 크다.

정답해설 여행사 측에서 볼 때, 4/4분기에는 주로 외국인 방문객 수가 최대이므로 이 시기에는 외국인을 대상으로 한 마케팅이 효과적이라는 것을 유추할 수 있다.

09 다음 표는 냉장고, 세탁기, 에어컨, 침대, TV 등 5개 제품의 생산 및 내수 현황을 나타낸 것이다. 주어진 설명을 참고하여 A, B, C, D, E에 해당하는 제품을 순서대로 나열한 것은?

〈표〉 5개 제품의 생산 및 내수 현황

(단위 : 만대)

제품 \ 구분	생산		내수	
	2022년 5월	2023년 5월	2022년 5월	2023년 5월
A	347	397	163	215
B	263	293	133	163
C	385	359	103	158
D	150	157	72	77
E	161	59	151	126

㉠ 2022년 5월에 냉장고, 세탁기, TV는 전년 동월에 비해 생산과 내수가 모두 증가하였다.

㉡ 2022년 5월에 에어컨은 전년 동월에 비해 생산은 감소하였으나 내수는 증가하였다.

㉢ 2022년 5월에 전년 동월에 비해 생산이 증가한 제품 가운데 생산증가대수 대비 내수 증가대수의 비율이 가장 낮은 제품은 세탁기이다.

㉣ 2022년 5월에 전년 동월 대비 생산 증가율이 가장 높은 제품은 TV이다.

	A	B	C	D	E
①	냉장고	TV	침대	에어컨	세탁기
②	세탁기	TV	침대	냉장고	에어컨
③	TV	세탁기	에어컨	냉장고	침대
④	TV	냉장고	에어컨	세탁기	침대
⑤	에어컨	세탁기	침대	TV	냉장고

정답해설 ㉠에서 전년 동월에 비하여 생산과 내수가 모두 증가한 항목은 A, B, D이므로 냉장고, 세탁기, TV는 A 또는 B 또는 D이다.
㉡에서 전년 동월에 비하여 생산은 감소하고 내수는 증가한 항목은 C이므로 C는 에어컨이다.

ⓒ에서 전년 동월에 비하여 생산이 증가한 항목은 A, B, D이고, 생산증가대수 대비 내수증가대수를 비교하면 $A=\frac{52}{50}=1.04$, $B=\frac{30}{30}=1$, $D=\frac{5}{7}≒0.71$이므로 비율이 가장 낮은 D가 세탁기이다.

ⓔ에서 전년 동월에 비하여 생산이 증가한 항목이 A, B, D였고, D는 세탁기이므로 A와 B의 생산증가율을 비교하면 된다.

$A=\frac{50}{347}×100≒14.4$, $B=\frac{30}{263}×100≒11.4$

A의 증가율이 더 크므로 A가 TV, B가 냉장고이고 남은 E는 침대가 된다.

따라서 A는 TV, B는 냉장고, C는 에어컨, D는 세탁기, E는 침대이다.

10 다음 표는 4개 도시의 생활폐기물 수거현황이다. 표에 대한 설명으로 옳은 것은?

〈표〉 4개 도시 생활폐기물 수거 현황

구분	A시	B시	C시	D시
총가구수(천 가구)	120	150	200	350
수거 가구수(천 가구)	50	75	150	300
수거 인력(명)	123	105	130	133
총 수거 비용(백만 원)	6,443	5,399	6,033	7,928
수거 인력당 수거 가구수 (가구/명)	407	714	1,154	2,256
톤당 수거비용(천 원/톤)	76.3	54.0	36.0	61.3
주당 수거빈도(횟수/주)	1	1	2	2

※ 수거비율(%) = $\frac{수거 가구 수}{총 가구 수}×100$

① 수거비율이 가장 낮은 도시의 수거 인력이 가장 적다.
② 수거비율이 높은 도시일수록 총수거비용도 많이 든다.
③ 수거 인력당 수거 가구수가 많은 도시일수록 톤당 수거비용이 적게 든다.
④ 수거비율이 두 번째로 높은 도시의 주당 수거빈도는 2회이다.
⑤ 총수거비용이 가장 높은 도시의 톤당 수거비용이 가장 높다.

4개 도시의 수거비율을 구해보면

A시 : $\dfrac{50}{120} \times 100 ≒ 41.7\%$

B시 : $\dfrac{75}{150} \times 100 = 50\%$

C시 : $\dfrac{150}{200} \times 100 = 75\%$

D시 : $\dfrac{300}{350} \times 100 ≒ 85.7\%$

수거 비율이 두 번째로 높은 도시는 C시로 주당 수거빈도는 주 2회이다. 따라서 보기 중 옳은 설명은 ④이다.

 ① 수거비율이 가장 낮은 도시는 A시이고, 수거 인력이 가장 적은 도시는 B시이다.

② 수거비율이 A시보다 높은 B시의 총수거비용이 더 적다.

③ D시의 수거 인력당 수거 가구수가 가장 높지만, 톤당 수거비용은 두 번째로 많다.

⑤ D시의 총수거비용이 가장 높지만 톤당 수거비용이 가장 높은 도시는 A시이다.

11 다음 자료는 도로 교통 현안에 대한 글을 쓰기 위해 수집한 자료이다. 이를 활용하여 이끌어 낸 내용으로 적절하지 않은 것은?

(가) 보도자료의 일부

도로 교통량의 증가와 자동차 과속으로 인해 야생동물이 교통사고로 죽는 일이 지속적으로 발생하고 있다. 이를 막기 위해 생태 통로를 건설하였으나, 동물의 행동 특성에 대한 고려가 부족해 기대만큼의 성과는 거두지 못하고 있다.

(나) 도로 교통 지표 추이

구분	2021년	2022년	2023년
도로 연장(km)	2,599	2,659	2,850
차량 대수(천 대)	12,914	14,586	15,396
교통 혼잡비용*(십억 원)	21,108	22,769	23,698

* 교통 혼잡비용 : 교통 혼잡으로 인하여 추가로 발행하는 사회적 비용

(다) 자동차 배출 가스의 오염 물질 농도

- 1km 주행 시 일산화탄소(CO)의 농도

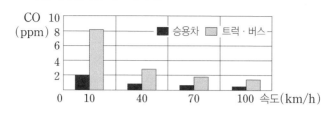

① (가)+(나) : 교통 혼잡을 개선하기 위해 도로를 신설할 때에는 동물의 행동 특성을 고려한 생태 통로를 만들 필요가 있다.

② (가)+(다) : 자동차 속도를 줄일수록 야생동물의 교통사고와 배출 가스의 오염 물질 농도가 줄어든다.

③ (나)+(다) : 교통 혼잡은 사회적 비용을 증가시킬 뿐 아니라 자동차 배출 가스의 오염 물질 농도를 증가시킨다.

④ (나) : 교통 혼잡 비용의 증가는 도로의 연장과 차량 대수의 증가에 밀접한 영향을 받는다.

⑤ (다) : 자동차의 배출 가스에 함유된 오염 물질의 양은 차량 종류 및 속도와 밀접하게 관련된다.

정답해설 (가)에서 야생 동물의 교통사고의 원인으로 자동차 과속을 들고 있으므로 속도를 줄일수록 사고를 줄일 수 있다고 해석할 수 있다. 또한 (다)에서 속도가 낮을 때 배출되는 일산화탄소의 농도가 더 높게 나타나므로 ②가 적절하지 않다.

오답해설 ① (나)에서는 교통 혼잡비용이 증가하는 것을 보여주고 있으므로 이를 통해 '교통 혼잡을 개선하기 위해서 도로를 신설'해야 한다는 내용을, (가)에서는 생태 도로가 동물의 행동 특성을 고려하지 못했다고 했으므로 이를 통해 '동물의 행동 특성을 고려한 생태 도로'를 만들어야 한다는 내용을 이끌어낼 수 있다.

③ (나)를 통해 교통이 혼잡하면 사회적 비용이 증가한다는 내용을 알 수 있다. 또 교통이 혼잡하면 속도가 줄어들게 되는데 (다)를 통해 속도가 줄면 자동차 배출 가스의 오염 물질 농도가 증가한다는 것을 알 수 있다.

④ (나)를 통해 도로의 연장과 차량 대수의 증가로 해마다 교통 혼잡비용이 증가함을 알 수 있다.

⑤ (다)는 일산화탄소의 농도를 차량의 종류(승용차, 트럭·버스)와 속도에 따라 제시하였으므로 적절한 내용이다.

12 다음은 이동통신 사용자의 통신사별 구성비와 향후 통신사 이동 성향에 관한 자료이다. **1년 뒤 총 사용자 중 A사의 사용자는 몇 %인가?**

〈이동통신 사용자의 통신사 이동 성향〉

(단위 : %)

현재 \ 1년 뒤	A사	B사	C사	합계
A사	80	10	10	100
B사	10	70	20	100
C사	40	10	50	100

〈현재 이동통신 사용자의 통신사별 구성비〉

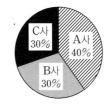

① 35%

② 39%

③ 43%

④ 47%

⑤ 51%

정답 해설 전체 사용자를 100으로 잡았을 때

현재 A사 사용자는 이동통신 사용자의 40%이고, 이 중 80%는 1년 후에도 A사의 사용자로 남아있으므로

$40 \times 0.8 = 32(\%)$

현재 B사의 사용자는 이동통신 사용자의 30%이고, 이 중 10%는 1년 뒤 A사의 사용자이므로

$30 \times 0.1 = 3(\%)$

현재 C사의 사용자는 이동통신 사용자의 30%이고, 이 중 40%는 1년 뒤 A사의 사용자이므로

$30 \times 0.4 = 12(\%)$

$\therefore 32 + 3 + 12 = 47(\%)$

13 다음은 100명이 지원한 L사의 입사시험에서 지원자들의 졸업성적과 면접점수의 상관관계를 조사하여 그 분포수를 표시한 것이다. 졸업성적과 면접 점수를 합친 총점이 170점 이상인 지원자 중 면접 점수가 80점 이상인 사람을 합격자로 할 때, 합격자 수는 총 몇 명인가?

(단위 : 명)

면접점수 졸업성적	60점	70점	80점	90점	100점
100점	1	5	4	6	1
90점	3	4	5	5	4
80점	1	3	8	7	5
70점	4	5	7	5	2
60점	2	3	5	3	2

① 37명
② 38명
③ 39명
④ 40명
⑤ 43명

졸업성적과 면접점수를 합친 총점이 170점 이상인 지원자는 모두 44명이다. 이 중에서 면접점수가 80점 이상인 지원자는 면접점수가 70점인 5명을 제외한 39명이다.

(단위 : 명)

면접점수 졸업성적	60점	70점	80점	90점	100점
100점	1	5	4	6	1
90점	3	4	5	5	4
80점	1	3	8	7	5
70점	4	5	7	5	2
60점	2	3	5	3	2

14 다음 〈표〉는 우리나라의 돼지고기 수입 현황이다. 2019년부터 우리나라에 대한 돼지고기 수입량이 꾸준히 증가한 나라들에서 2023년 한 해 동안 수입한 돼지고기는 총 몇 톤인가?

〈표〉 국가별 돼지고기 수입 현황

(단위 : 톤)

구분	2019년	2020년	2021년	2022년	2023년
미국	17,335	14,448	23,199	62,760	85,744
캐나다	39,497	35,595	40,469	57,545	62,981
칠레	3,475	15,385	23,257	32,425	31,621
덴마크	21,102	19,430	28,190	25,401	24,005
프랑스	111	5,904	14,108	21,298	22,332
벨기에	19,754	14,970	19,699	17,903	20,062
오스트리아	4,474	2,248	6,521	9,869	12,495
네덜란드	2,631	5,824	8,916	10,810	12,092
폴란드	1,728	1,829	4,950	7,867	11,879

① 46,303톤
② 48,296톤
③ 50,584톤
④ 65,047톤
⑤ 68,385톤

정답해설 2019년부터 국가별 수입량이 꾸준히 증가한 나라는 프랑스, 네덜란드, 폴란드이다.

2023년 이들 나라에서 수입한 돼지고기를 모두 더하면 46,303톤(22,332＋12,092＋11,879)이다.

15 다음 〈표〉는 연령별 스마트폰 1회 이용 시 평균 이용시간이다. 이에 대한 설명으로 옳지 않은 것은?

〈표〉 연령별 스마트폰 1회 이용 시 평균 이용시간

(단위 : %)

구분	5분 미만	5분~10분 미만	10분~20분 미만	20분~30분 미만	30분 이상
유아(만3~9세)	29.9	10.8	32.5	10.6	16.2
청소년(만10~19세)	30.2	17.3	29	12.2	11.3
성인(만20~59세)	30.5	11.5	13.4	23.7	20.9
60대(만60~69세)	34.3	19.5	24.3	19.8	2.1

① 10분~20분 미만 사용자들의 비율은 유아가 가장 많다.
② 30분 이상 사용자들의 비율은 성인이 가장 많다.
③ 60대에는 20분~30분 미만 사용자들의 비율이 가장 많다.
④ 5분 미만 사용자들의 비율은 모든 연령층에서 25%를 넘는다.
⑤ 평균 이용시간이 가장 높은 비율은 5분 미만 60대 사용자들이다.

정답해설 ③ 60대에는 5분 미만 사용자들이 가장 많다.

[16~17] 다음 노인 인구와 관련된 조사결과를 보고 물음에 답하시오.

총 문항 수 : 2문항 | 총 문제풀이 시간 : 2분 | 문항당 문제풀이 시간 : 1분

〈표1〉 성별 노인 인구 추이

(단위 : 천 명)

구분	1990	1995	2000	2005	2010	2020	2030
전체	2,195	2,657	3,395	4,383	5,354	7,821	11,899
남자	822	987	1,300	1,760	2,213	3,403	5,333

| 여자 | 1,373 | 1,670 | 2,095 | 2,623 | 3,141 | 4,418 | 6,566 |

※ 노인 인구 : 65세 이상 인구

※ 성비 : 여자 100명당 남자의 수

〈표2〉 노년부양비와 노령화지수

(단위 : %)

구분	1990	1995	2000	2005	2010	2020	2030
노년부양비	7.4	8.3	10.1	12.6	14.9	21.8	37.3
노령화지수	20.0	25.2	34.3	47.4	66.8	124.2	214.8

※ 노년부양비 $= \dfrac{65세 \ 이상 \ 인구}{15\sim64세 \ 인구} \times 100$

※ 노령화지수 $= \dfrac{65세 \ 이상 \ 인구}{15\sim64세 \ 인구} \times 100$

16 2020년 노인 인구의 성비를 바르게 구한 것은?

① 약 73명

② 약 75명

③ 약 77명

④ 약 79명

⑤ 약 81명

정답해설 2020년 노인 인구의 성비$=\dfrac{3403}{4418} \times 100 ≒ 77$

17 2020년의 노년부양비를 10년 전과 비교한다면, 증가폭은?

① 6.0%

② 6.3%

③ 6.6%

④ 6.9%

⑤ 7.2%

정답해설 2010년의 노년부양비는 14.9%이고 2020년의 노년부양비는 21.8%이므로,
21.8−14.9=6.9%

18 자료를 바탕으로 할 때, 보기 중 옳지 않은 것을 모두 고르면?

자동차 변속기 경쟁력점수의 국가별 비교

(단위 : 점)

국가 부문	A	B	C	D	E
변속감	98	93	102	80	79
내구성	103	109	98	95	93
소음	107	96	106	97	93
경량화	106	94	105	85	95
연비	105	96	103	102	100

※ 각국의 전체 경쟁력점수는 각 부문 경쟁력점수의 총합으로 구함

보기

ㄱ. 내구성 부문에서 경쟁력점수가 가장 높은 국가는 A국이며, 경량화 부문에서 경쟁력
점수가 가장 낮은 국가는 D국이다.

ㄴ. 전체 경쟁력 점수는 E국이 B국보다 더 높다.

ㄷ. 경쟁력점수가 가장 높은 부문과 가장 낮은 부문의 차이가 가장 큰 국가는 C국이고, 가
장 작은 국가는 D국이다.

① ㄱ

② ㄴ

③ ㄱ, ㄴ

④ ㄱ, ㄷ

④ ㄱ, ㄴ, ㄷ

ㄱ. 내구성 부문에서 경쟁력점수가 가장 높은 국가는 B국으로 109점이며, 경량화 부문에서 경쟁력점
수가 가장 낮은 국가는 D국으로 85점이다.

ㄴ. 전체 경쟁력점수를 살펴보면, A국은 519점, B국은 488점, C국은 514점, D국은 459점, E국은
460점으로 E국이 B국보다 더 낮다.

ㄷ. 경쟁력점수가 가장 높은 부문과 가장 낮은 부문의 차이가 가장 큰 국가는 D국으로 22점이고, 가장
작은 국가는 C국으로 8점이다.

[19~20] 다음은 A, B, C, D 4개 도시의 2022년도 인구 구성에 관한 내용이다. 이를 참고로 하여 다음 물음에 답하시오.

총 문항 수 : 2문항 | 총 문제풀이 시간 : 2분 | 문항당 문제풀이 시간 : 1분

구분	전체 인구(명)	남성 비율(%)	초등학생 비율(%)
A시	500,000	51	10
B시	520,000	49	9
C시	490,000	45	11
D시	400,000	51	7

19 2023년에 A시의 초등학생의 17%가 학교를 졸업하였다. 이 도시의 중학교 진학률을 100%라 할 때, 2023년도에 새로 중학생이 된 학생은 모두 몇 명인가?

① 50,000명
② 12,500명
③ 8,500명
④ 4,335명
⑤ 2,435명

정답해설 A시 전체 인구 중 초등학생 비율은 10%이므로, A시의 초등학생의 수는 '$500,000 \times \dfrac{10}{100} = 50,000$(명)'이 된다. 이 중 17%가 학교를 졸업하여 100% 중학교에 진학하였으므로, 2023년도에 중학생이 된 학생 수는 '$50,000 \times \dfrac{17}{100} = 8,500$(명)'이다.

20 다음 설명 중 옳은 것은?

① 여성 인구수가 가장 많은 곳은 B시이다.
② A시의 남성 인구수와 D시의 남성 인구수는 같다.
③ 초등학교 여학생의 수가 가장 많은 곳은 C시이다.
④ B시의 초등학생 수가 C시의 초등학생 수보다 적다.

⑤ C시의 초등학생 수가 D시의 초등학생 수보다 적다.

정답해설 B시의 초등학생 수는 '520,000 × 0.09 = 46,800(명)'이며, C시의 초등학생 수는 '490,000 × 0.11 = 53,900(명)'이다. 따라서 B시의 초등학생 수가 C시의 초등학생 수보다 적다.

오답해설 ① 여성 인구의 비율은 전체 인구 비율(100%) 중 남성 인구 비율을 제외한 비율이 된다. 따라서 A시의 여성 수는 '500,000 × 0.49 = 245,000(명)'이며 B시는 '520,000 × 0.51 = 265,200(명)', C시는 '490,000 × 0.55 = 269,500(명)', D시는 '400,000 × 0.49 = 196,000(명)'이다. 따라서 여성 인구수는 C시가 가장 많다.

② A시와 D시의 남성 비율은 같으나 총 인구수가 다르므로, 남성의 인구수도 다름을 알 수 있다. A시의 경우 남성 인구수는 '500,000 × 0.51 = 255,000(명)'이며, D시의 남성 인구수는 '400,000 × 0.51 = 204,000(명)'이다.

③ 전체 남녀 성비는 제시되어 있으나 초등학생의 남녀 성비는 제시되지 않았으므로, 초등학생의 남녀 수는 알 수 없다.

⑤ C시의 초등학생 수는 53,900(명)으로 D시의 초등학생 수 '400,000 × 0.07 = 28,000(명)'보다 많다.

21 다음 〈표〉는 성인 500명이 응답한 온라인 도박과 오프라인 도박 관련 조사결과이다. 이에 대한 설명 중 옳은 것은?

〈표〉 온라인 도박과 오프라인 도박 관련 조사결과

(단위 : 명)

온라인＼오프라인	×	△	○	합
×	250	21	2	( )
△	113	25	6	144
○	59	16	8	( )
계	422	( )	( )	500

※ 1) × : 경험이 없고 충동을 느낀 적도 없음.
2) △ : 경험은 없으나 충동을 느낀 적이 있음.
3) ○ : 경험이 있음.

① 온라인 도박 경험이 있다고 응답한 사람은 오프라인 도박의 경험은 없으나 충동을 느낀 적은 있다는 사람보다 적다.

② 온라인 도박에 대해, '경험은 없으나 충동을 느낀 적이 있음'으로 응답한 사람은 전체 응답자의 30% 이상이다.

③ 온라인 도박 경험이 있다고 응답한 사람 중 오프라인 도박 경험이 있다고 응답한 사람의 비중은 전체 응답자 중 오프라인 도박 경험이 있다고 응답한 사람의 비중보다 크다.

④ 온라인 도박에 대해, '경험이 없고 충동을 느낀 적도 없음'으로 응답한 사람은 전체 응답자의 50% 이하이다.

⑤ 온라인 도박 경험이 있다고 응답한 사람은 오프라인 도박 경험이 있다고 응답한 사람보다 적다.

정답해설 온라인 도박 경험이 있다고 응답한 사람(83명) 중 오프라인 도박 경험이 있다고 응답한 사람(8명)의 비중은 '$\frac{8}{83} \times 100 ≒ 9.6\%$'이며, 전체 응답자(500명) 중 오프라인 도박 경험이 있다고 응답한 사람(16명)의 비중은 '$\frac{16}{500} \times 100 = 3.2\%$'이다. 따라서 전자가 후자보다 비중이 더 크므로 ③은 옳은 설명이 된다.

오답해설 ① 온라인 도박 경험이 있다고 응답한 사람은 83명이며, 오프라인 도박의 경험은 없으나 충동을 느낀 적은 있다는 사람은 62명이다. 따라서 온라인 도박 경험이 있다고 응답한 사람이 더 많다.

② 온라인 도박에 대해, '경험은 없으나 충동을 느낀 적이 있음'으로 응답한 사람은 144명이므로, 전체 응답자(500명)의 '28.8%'이다.

④ 온라인 도박에 대해, '경험이 없고 충동을 느낀 적도 없음'으로 응답한 사람은 273명이므로, 전체 응답자(500명)의 50% 이상이 된다.

⑤ 온라인 도박 경험이 있다고 응답한 사람은 83명으로 오프라인 도박 경험이 있다고 응답한 16명보다 많다.

22 다음 〈표〉는 어느 대학원의 입시에서 4개 모집단위의 성별에 따른 지원자 및 합격자 분포를 정리한 것이다. 〈보기〉의 설명 중 옳은 것을 모두 고른 것은?

〈표〉 모집단위별 지원자 수 및 합격자 수

(단위 : 명)

모집단위	남성		여성		계	
	합격자 수	지원자 수	합격자 수	지원자 수	모집정원	지원자 수

A	512	825	89	108	601	933
B	353	560	17	25	370	585
C	138	417	131	375	269	792
D	22	373	24	393	46	766
계	1,025	2,175	261	901	1286	3,076

보기

ㄱ 지원자 중 남성의 비율이 가장 높은 모집단위는 B이다.
ㄴ 4개의 모집단위 중 경쟁률이 가장 높은 모집단위는 C이다.
ㄷ 합격자 중 여성의 비율이 가장 높은 모집단위는 C이다.
ㄹ 각 모집단위에서 성별에 따른 지원자 대비 합격자 비율을 살펴보면, A모집단위 여성의 경우가 가장 높다.

① ㄱ, ㄴ

② ㄱ, ㄹ

③ ㄴ, ㄷ

④ ㄴ, ㄹ

⑤ ㄷ, ㄹ

정답해설 ㄱ 모집단위 B의 경우, 지원자 수는 585명이며 이 중 남성 지원자 수는 560명이므로, 지원자 중 남성의 비율이 가장 높다.
ㄹ 남성과 여성의 지원자 수 대비 합격자 수의 비율을 보면, A모집단위 여성의 경우 여성 지원자는 108명이고 여성 합격자는 89명이므로, 지원자 대비 합격자 비율이 가장 높다. 성별에 다른 지원자 대비 합격자 비율을 모두 구하기보다, 수치를 비교함으로서 대소 관계를 더 빨리 파악할 수 있다.

오답해설 ㄴ 경쟁률은 합격자 수(모집정원) 대비 지원자 수의 비율을 말한다. 4개 모집단위 중 D의 경우, 합격자 수(모집정원)은 46명에 불과한데 지원자 수는 766명이므로 경쟁률이 가장 높다.
ㄷ 모집단위 D의 경우 전체 합격자 수 46명 중 여성 합격자 수가 24명이므로, 합격자 중 여성의 비율이 50%가 넘는다. 다른 모집단위 경우 50%에 미치지 못하므로, 여성의 비율이 가장 높은 모집단위는 D이다.

삼성 GSAT 통합 기본서 최신기출유형 + 실전문제

이문제종요

23 다음 표는 서울의 미세먼지 월별 대기오염도 측정도를 나타낸 것이다. 이에 대한 설명으로 옳지 않은 것은?

미세먼지 월별 대기오염도

(단위 : μg/m³)

구분	2023년 5월	2023년 6월	2023년 7월	2023년 8월	2023년 9월
중구	54	33	31	20	31
강남구	62	43	35	22	33
영등포구	71	46	37	26	41
성동구	74	44	30	22	36
양천구	53	41	21	24	32

① 성동구는 6월 미세먼지의 대기오염도가 8월의 2배이다.

② 5월부터 7월까지는 미세먼지의 대기오염도가 감소하고 있다.

③ 모든 구에서 8월의 미세먼지의 대기오염도가 가장 낮다.

④ 7월에는 영등포구의 미세먼지의 대기오염도가 가장 높다.

⑤ 미세먼저 대기오염도가 가장 높은 달과 지역은 5월 성동구이다.

정답해설 ③ 양천구는 8월(24)보다 7월(21)의 미세먼지의 대기오염도가 더 낮다.

24 자료를 바탕으로 할 때, 보기 중 옳은 것을 모두 고르면?

국가별 여성권한척도

구분	여성권한 척도 국가순위	여성권한 척도				1인당 GDP 국가순위
		국회의원 여성비율 (%)	입법 및 행정 관리직 여성 비율(%)	전문기술직 여성비율 (%)	남성대비 여성 추적 소득비(%)	
한국	59	13.0	6	39	0.48	34

일본	43	9.3	10	46	0.46	13
미국	10	14.8	46	55	0.62	4
필리핀	46	15.4	58	62	0.59	103

보기

ㄱ. 4개 국가 중에서 GDP 국가순위가 가장 높은 국가가 여성권한척도 국가순위도 가장 높다.

ㄴ. 필리핀은 4개 국가 중 1인당 GDP 국가순위보다 여성권한척도 국가순위가 높은 유일한 국가이다.

ㄷ. 일본은 4개 국가 중 1인당 GDP 국가순위와 여성권한척도 국가순위의 차이가 가장 큰 국가이다.

ㄹ. 4개 국가 중 입법 및 행정관리직 여성비율, 전문기술직 여성비율이 가장 낮은 국가는 한국이다.

① ㄱ, ㄴ
② ㄴ, ㄷ
③ ㄱ, ㄴ, ㄹ
④ ㄴ, ㄷ, ㄹ
⑤ ㄱ, ㄴ, ㄷ, ㄹ

정답해설 ㄷ. 4개 국가 중 1인당 GDP 국가순위와 여성권한척도 국가순위의 차이가 가장 큰 국가는 필리핀이다.

25 사학자 A씨는 고려시대 문헌을 통하여 당시 상류층(왕족, 귀족, 승려) 남녀 각각 160명에 대한 자료를 분석하여 다음과 같은 〈표〉를 작성하였다. 이 〈표〉에 대한 진술 중 옳은 것은?

〈표〉 고려시대 상류층의 혼인연령, 사망연령 및 자녀수

구분		평균 혼인연령(세)	평균 사망연령(세)	평균 자녀 수(명)
승려 (80명)	남(50명)	—	69	—
	여(30명)	—	71	—

왕족	남(30명)	19	42	10
(40명)	여(10명)	15	46	3
귀족	남(80명)	15	45	5
(200명)	여(120명)	20	56	6

※ 승려를 제외한 모든 남자는 혼인하였고 이혼하거나 사별한 사례는 없음

① 귀족 남자의 평균 혼인기간은 왕족 남자의 평균 혼인기간보다 길다.
② 귀족 남자의 평균 혼인연령은 왕족보다 높다.
③ 귀족의 평균 자녀 수는 5.5명이다.
④ 평균 사망연령의 남녀 간 차이는 승려가 귀족보다 많다.
⑤ 왕족 여자의 평균 혼인기간은 귀족 여자의 평균 혼인기간보다 길다.

② 귀족의 평균 혼인연령은 남자는 15세로 왕족의 남자 혼인연령 19세보다 낮다.

③ 귀족의 평균 자녀 수는 $\dfrac{(80 \times 5) + (120 \times 6)}{200} = 5.6$(명)이다.

④ 평균 사망연령의 남녀 간 차이는 승려는 2년, 귀족은 11년으로 승려가 귀족보다 작다.

⑤ 왕족 여자의 평균 혼인기간은 '46 − 15 = 31(년)'으로 귀족 여자의 평균 혼인기간인 '56 − 20 = 36(년)'보다 짧다.

[26~27] 아래는 A, B, C, D, E 5개 회사가 동종의 제품 시장에서 차지하는 생산량의 구성비와 생산량 변동 추이를 나타낸 것이다. 이를 토대로 다음 물음에 답하시오.

총 문항 수 : 2문항 | 총 문제풀이 시간 : 2분 | 문항당 문제풀이 시간 : 1분

〈표1〉 2019년도 생산량 구성비

회사	A사	B사	C사	D사	E사	기타
생산량 구성비	17%	18%	12%	25%	15%	13%

〈표2〉 생산량 지수(2019년 지수를 100으로 한 지수)

회사 연도	A사	B사	C사	D사	E사
2019	100	100	100	100	100

2020	120	130	95	125	85
2021	135	155	55	140	60
2022	125	175	70	155	40
2023	125	185	50	150	40

26 2023년도에 생산량이 가장 많은 회사와 그 생산량 구성비로 가장 알맞은 것은?

① A사, 38.25%

② B사, 33.3%

③ C사, 35.2%

④ D사, 37.5%

⑤ E사, 40.0%

정답해설 2023년 생산량 구성비를 알기 위해서는 2019년도 구성비를 토대로 생산량 지수의 변동폭을 비교해 보아야 한다. 2019년도 생산량의 구성비가 큰 회사들 중에서 2023년도 생산량 지수가 많이 증가한 것은 B와 D사이다. 연도별 생산량 지수는 2019년도 지수를 100으로 한 지수이므로, B사의 2023년 생산량 구성비는 B사의 2019년 생산량 구성비에 2019년도 생산량 지수 대비 2023년 생산량 지수의 변동폭을 곱한 값이 된다.

이를 구하면, B사의 경우 2023년도 생산량 구성비는 $18\% \times \dfrac{185}{100} = 33.3\%$이고 D사의 경우 $25\% \times \dfrac{150}{100} = 37.5\%$이다. 따라서 2023년도 생산량 구성비가 가장 큰 회사는 D회사이며, 그 구성비는 37.5%이다.

27 위의 두 표를 참고로 할 때, 다음 설명 중 옳은 것은?

① 2023년도 C사와 E사의 생산량은 같다.

② A사의 2023년도 생산량은 2022년과 같다.

③ 2019년도 5개 회사의 생산량은 같다.

④ A사와 B사의 2020년도 생산량은 같다.

⑤ ①~④ 어느 것도 옳지 않다.

2023년도 생산량 구성비를 볼 때, C사의 경우 $12\% \times \dfrac{50}{100} = 6\%$이고 E사의 경우 $15\% \times \dfrac{40}{100}$ $=6\%$로 같다. 생산량 구성비가 같다는 것은 두 회사의 생산량이 같다고 할 수 있다.

 ② A사의 경우 2022년과 2023년도 생산량 지수가 같으므로 시장에서 차지하는 생산량의 구성비는 2022년과 2023년이 같다고 할 수 있다. 그러나 생산량 구성비가 같다 하더라도 두 해의 전체 생산량이 다르다면 생산량도 다르다고 할 수 있다. A~E 5개 회사의 전체 생산량 지수의 합이 2022년도 565에서, 2023년도 550으로 다르므로, A회사가 전체 시장에서 차지하는 생산량도 다를 수 있다.

③ 5개 회사의 2019년도 생산량 구성비가 모두 다르므로, 5개 회사의 2019년도 생산량도 각기 다르다.

④ 2020년도 A사는 $20.4\%\left(17\% \times \dfrac{120}{100}\right)$로 B사 $23.4\%\left(18\% \times \dfrac{130}{100}\right)$와 다르다.

이 문제 중요★

28 다음은 주요 국가들의 연구개발 활동을 정리한 자료이다. 이를 바탕으로 할 때, 일본의 노동인구 500명당 연구원 수는?

주요 국가들의 연구개발 활동 현황

국가명	절대적 투입규모		상대적 투입규모		산출규모	
	총 R&D 비용 (백만 달러)	연구원 수(명)	GDP대비 총 R&D 비용(%)	노동인구 천 명당 연구원 수(명)	특허 등록 수(건)	논문 수(편)
독일	46,405	516,331	2.43	13.0	51,685	63,847
미국	165,898	962,700	2.64	7.4	147,520	252,623
스웨덴	4,984	56,627	3.27	13.1	18,482	14,446
아이슬란드	663	1,363	1.33	9.5	35	312
아일랜드	609	7,837	1.77	5.6	7,088	2,549
영국	20,307	270,000	2.15	9.5	43,181	67,774
일본	123,283	832,873	2.68	8.0	141,448	67,004
프랑스	30,675	314,170	2.45	12.5	46,213	46,279
한국	7,666	98,764	2.22	7.3	52,900	9,555

① 2명   ② 4명
③ 6명   ④ 8명
⑤ 9명

정답
해설 일본의 노동인구 천 명당 연구원 수가 8명이므로 노동인구 500명당 연구원 수를 x라 하면
$1,000 : 8 = 500 : x$, $x = 4$(명)
따라서 일본의 노동인구 500명당 연구원 수는 4명이다.

29 다음 〈표〉에는 ○○반도체의 올해 3분기까지의 판매 실적이 나와 있다. ○○반도체는 표에 나온 4가지 제품만을 취급한다고 할 때, 다음 중 옳지 않은 설명을 고르면?

〈표〉○○반도체의 올해 3분기까지의 판매 실적

실적 제품	분기별 판매량(단위 : 만 개)			분기별 판매액(단위 : 억 원)		
	1분기	2분기	3분기	1분기	2분기	3분기
A	70	100	140	65	120	160
B	55	50	80	70	60	130
C	85	80	110	75	120	130
D	40	70	70	65	60	100
합계	250	300	400	275	360	520

① 1분기부터 3분기까지 판매액 합계 상위 2개 제품은 A와 C이다.
② 2분기에 전 분기 대비 판매량, 판매액 모두 증가한 제품은 A뿐이다.
③ 1분기보다 2분기, 2분기보다 3분기에 제품의 평균 판매 단가가 높았다.
④ 3분기 A제품의 판매량과 판매액 모두 전체의 1/3을 넘었다.
⑤ 1분기부터 3분기까지 판매량 합계가 가장 높은 제품은 A이다.

정답
해설 ③ 제품의 평균 단가는 주어진 표를 통해서는 알 수 없다.

① 1분기부터 3분기까지 판매액 합계 상위 2개 제품은 A와 C이다.

1분기부터 3분기까지의 판매액

A＝65＋120＋160＝345

B＝70＋60＋130＝260

C＝75＋120＋130＝325

D＝65＋60＋100＝225

② 2분기에 전 분기 대비 판매량, 판매액 모두 증가한 제품은 A뿐이다.

실적 제품	판매량			판매액		
	1분기	2분기		1분기	2분기	
A	70	100	＋30	65	120	＋55
B	55	50	－5	70	60	－10
C	85	80	－5	75	120	＋45
D	40	70	＋30	65	60	－5

④ 3분기 A제품의 판매량과 판매액 모두 전체의 1/3을 넘었다.

$$3분기 A의 판매량＝\frac{140}{400}\times100＝35(\%)$$

$$3분기 A의 판매액＝\frac{160}{520}\times100≒31(\%)$$

⑤ 1분기부터 3분기까지 판매량 합계

A＝70＋100＋140＝310   B＝55＋50＋80＝185

C＝85＋90＋110＝275   D＝40＋70＋70＝180

그러므로 A제품의 판매량이 가장 높다.

[30~31] 다음의 표는 4개 국가의 산술적 인구밀도와 경지 인구밀도를 조사한 자료이다. 이를 토대로 다음에 물음에 알맞은 답을 고르시오.

총 문항 수 : 2문항 | 총 문제풀이 시간 : 2분 | 문항당 문제풀이 시간 : 1분

국가	인구수(만 명)	산술적 인구밀도(명/km²)	경지 인구밀도(명/km²)
A	1,000	25	75
B	1,500	40	50
C	3,000	20	25
D	4,500	45	120
E	5,000	50	100

※ 산술적 인구밀도＝인구수÷국토 면적

※ 경지 인구밀도＝인구수÷경지 면적

※ 경지율 = 경지 면적 ÷ 국토 면적 × 100

30 인구 1인당 경지 면적이 가장 넓은 국가는 어디인가?

① A국
② B국
③ C국
④ D국
⑤ E국

정답해설 인구 1인당 경지 면적은 경지 면적을 인구수로 나눈 것이다(인구 1인당 경지 면적 = $\dfrac{경지 면적}{인구 수}$).

그런데 '경지 인구밀도 = $\dfrac{인구 수}{경지 면적}$'이라 하였으므로, 인구 1인당 경지 면적은 경지 인구밀도의 역수가 된다. 따라서 경지 인구밀도가 가장 낮은 국가가 인구 1인당 경지 면적이 가장 넓은 국가가 된다. 따라서 C국의 인구 1인당 경지 면적이 가장 넓다.

31 다음 중 옳지 않은 것은?

① 국토 면적은 C국이 가장 넓다.
② 경지 면적은 B국이 가장 좁다.
③ B국의 경지율은 D국보다 높다.
④ 경지율이 가장 낮은 국가는 A국이다.
⑤ B국과 C국의 경지율은 같다.

정답해설 '경지 인구밀도 = 인구수 ÷ 경지 면적'이므로 '경지 면적 = 인구수 ÷ 경지 인구밀도'가 된다. 이를 통해 경지 면적을 구하면 A국의 경지 면적은 대략 13.3만(km^2), B국은 30만(km^2), C국은 120만(km^2), D국은 37.5만(km^2)이다. 따라서 A국의 경지 면적이 가장 좁다.

오답해설 ① '산술적 인구밀도 = 인구수 ÷ 국토 면적'이므로 '국토 면적 = 인구수 ÷ 산술적 인구밀도'가 된다. 이를 통해 국토 면적을 구하면, C국이 150만(km^2)으로 가장 크다.

③ '경지율 = 경지 면적 ÷ 국토 면적 × 100'이라 하였고, '경지 면적 = 인구수 ÷ 경지 인구밀도'이며 '국토 면적 = 인구수 ÷ 산술적 인구밀도'가 된다. 여기서 '경지 면적'과 '국토 면적'을 앞의 경지율 공식에 대입하면, '경지율 = 산술적 인구밀도 ÷ 경지 인구밀도 × 100'이 된다. 이를 이용해 경지율을 구하면 B국은 80(%), D국은 37.5(%)이므로 B국의 경지율이 D국의 경지율보다 높다.

④ · ⑤ A국의 경지율은 대략 33.3(%), C국의 경지율은 80(%), E국의 경지율은 50(%)이다. 따라서 5개 국가 중 A국의 경지율이 가장 낮고, B국과 C국의 경지율은 같다.

32 다음 〈표〉는 행정업무용 물품의 조달단가와 구매 효용성을 나타낸 것이다. **20억 원 이내**에서 구매예산을 집행한다고 할 때, 정량적 기대효과 총합의 최댓값을 구하면? (단, 각 물품은 구매하지 않거나 **1개**만 구매할 수 있다.)

〈표〉 행정업무용 물품의 조달단가와 구매 효용성

구분＼물품	A	B	C	D	E	F	G	H
조달단가 (억 원)	3	4	5	6	7	8	10	16
구매 효용성 (%)	1	0.5	1.8	2.5	1	1.75	1.9	2

※ 구매 효용성 $= \dfrac{\text{정량적 기대 효과}}{\text{조달단가}} \times 100$

① 29

② 30

③ 38

④ 4

⑤ 52

정답해설 정량적 기대효과＝조달단가 × 구매 효용성

정량적 기대효과 총합이 최대가 될 수 있게 20억 원 이내에서 물품을 구매하면 C＜D＜F이며 이때 조달단가는 5＋6＋8＝19(억 원), 정량적 기대효과는 9＋15＋14＝38이다.

33 다음은 생명보험사별 산업별 투자내역에 대한 표이다. 이에 대한 설명으로 옳지 않은 것은?

〈표〉 생명보험사별 산업별 투자내역

(단위 : 백만 원)

구분	농업, 임업, 어업 및 광업	제조업	건설업	도·소매 및 음식·숙박업	운수, 창고 및 통신업	사회 및 개인서비스업
A사	21,152	6,881,000	19,450	87,588	115,870	201,456

B사	11,803	5,752,200	16,161	106,135	80,678	164,600
C사	18,870	7,620,500	35,311	76,453	109,443	70,860
계	51,825	20,253,700	70,922	270,176	305,991	436,916

① 생명보험사에 투자를 제일 많이 하는 산업은 제조업이다.

② 건설업 중 A사에 투자하는 비율은 약 25%가 넘는다.

③ 사회 및 개인 서비스업에서 A사 투자금은 C사 투자금의 3배 이상이다.

④ C사는 농업, 임업, 어업 및 광업 분야에서 가장 적은 투자를 받는다.

⑤ B사는 제조업 분야에서 가장 많은 투자를 받는다.

정답해설 사회 및 개인 서비스업에서 A사 투자금은 201,456이고, C사 투자금은 70,860이므로
$70,860 \times 3 = 212,580 > 201,456$
따라서 사회 및 개인 서비스업에서 A사 투자금은 C사 투자금의 3배 이하이다.

오답해설 ① 생명보험사에 투자를 제일 많이 하는 산업은 제조업(20,253,700)이다.

② 건설업 중 A사에 투자하는 비율은 $\frac{19,450}{70,922} \times 100 ≒ 27.4\%$으로 25%가 넘는다.

④ C사는 농업, 임업, 어업 및 광업 분야(18,870)에서 가장 적은 투자를 받는다.

⑤ B사는 제조업 분야(5,752,200)에서 가장 많은 투자를 받는다.

이문제중요!

34 다음 표는 연령집단별 대통령 선거투표율을 나타낸 것이다. 이에 대한 설명으로 옳지 않은 것은?

대통령 선거투표율

(단위 : %)

구분	2002년	2007년	2012년	2017년
19세	—	54.2	74.0	77.7
20대	51.1	57.9	71.1	77.1
30대	64.3	51.3	67.7	74.3

40대	76.3	66.3	75.6	74.9
50대	83.7	76.6	82.0	78.6
60대 이상	78.7	76.3	80.9	84.1

※ 투표율=(투표자수÷선거인수)×100

※ 2002년 당시에는 만 20세 이상이 선거권을 가지고 있었음

① 60대 이상 2012년 투표자는 지난 선거 대비 4.6천명 늘었다.

② 19세, 20대만 투표율이 계속해서 증가하고 있다.

③ 선거투표율은 모든 연령층에서 과반수를 넘기고 있다.

④ 50대 2017년 투표율은 지난 선거 대비 3.4% 감소하였다.

⑤ 투표율이 두 번째로 높았던 연도와 연령대는 2002년 50대이다.

정답해설 ① 60대 이상 2012년 투표율은 지난 선거 대비 4.6% 늘었다. 투표자는 주어진 자료에서 알 수 없다.

[35~36] 다음은 어느 펀드회사에 소속된 펀드매니저 A~D의 자산 운용 현황을 나타낸 것이다. 표를 참고하여 물음에 답하시오.

총 문항 수 : 2문항 | 총 문제풀이 시간 : 2분 | 문항당 문제풀이 시간 : 1분

펀드매니저의 자산운용 현황

펀드매니저	연초 운용자산 규모(천 원)	연말 운용자산 규모(천 원)	증가액(천 원)	수익률	표준편차
A	20,000	23,000	3,000	0.15	0.5
B	20,000	㉠	㉡	0.2	0.2
C	10,000	13,000	3,000	㉢	0.5
D	20,000	23,000	3,000	0.15	0.2
E	30,000	24,000	4,000	0.2	0.5

※ 증가액=연말 운용자산 규모−연초 운용자산 규모

※ 수익률= $\dfrac{증가액}{연초 운용 자산 규모}$

※ 보상대변동성비율 = $\dfrac{수익률}{표준편차}$

35 ㉠, ㉡, ㉢에 들어갈 알맞은 수는?

㉠	㉡	㉢
① 24,000	3,000	0.25
② 20,000	3,000	0.3
③ 24,000	4,000	0.3
④ 20,000	4,000	0.25
⑤ 24,000	4,000	0.35

 ㉡ : $0.2 = \dfrac{B}{20,000}$, $B = 20,000 \times 0.2 = 4,000$(천원)

㉠ : $4,000 = A - 20,000$, $A = 24,000$

㉢ : ㉢ $= \dfrac{3,000}{10,000} = 0.3$

36 보상대변동성비율이 가장 높은 펀드매니저는 누구인가?

① A   ② B

③ C   ④ D

⑤ E

 A : $\dfrac{0.15}{0.5} = 0.3$

B : $\dfrac{0.2}{0.2} = 1$

C : $\dfrac{0.3}{0.5} = 0.6$

D : $\dfrac{0.15}{0.2} = 0.75$

E : $\dfrac{0.2}{0.5} = 0.4$

보상대변동성비율이 가장 높은 펀드매니저는 B이다.

37 다음은 공인중개사 **A**의 중개수수료 요율표이다. 을이 병에게 주택을 임대해주며 **9,500만** 원의 전세금을 받았다면 **A**가 을로부터 받을 수 있는 수수료는 최대 얼마인가?

종별	거래가액	수수료율	한도액
매매 · 교환	5,000만 원 미만	거래가액의 0.6% 이내	250,000원
	5,000만 원 이상 2억 원 미만	거래가액의 0.5% 이내	800,000원
	2억 원 이상 6억 원 미만	거래가액의 0.4% 이내	—
매매 · 교환 이외의 임대차 등	5,000만 원 미만	거래가액의 0.5% 이내	200,000원
	5,000만 원 이상 1억 원 미만	거래가액의 0.4% 이내	300,000원
	1억 원 이상 3억 원 미만	거래가액의 0.3% 이내	—

① 12만 원 ② 18만 원
③ 22만 원 ④ 30만 원
⑤ 38만 원

 9,500만 원 × 0.04 = 38만 원이다. 그러나 한도액인 30만 원을 넘었으므로 최대 수수료는 30만 원이 된다.

[38~39] 다음은 지하층이 없고 건물마다 각 층의 바닥면적이 동일한 건물들에 대한 건물 정보이다. 다음 물음에 답하시오.

총 문항 수 : 2문항 | 총 문제풀이 시간 : 2분 | 문항당 문제풀이 시간 : 1분

건물명	건폐율(%)	대지면적(m^2)	연면적(m^2)
A	50	300	600
B	60	300	1,080
C	60	200	720
D	50	200	800
E	60	400	1,200

※ 건폐율 $= \dfrac{건축면적}{대지면적} \times 100$

※ 건축면적 = 건물 1층의 바닥면적

※ 연면적 = 건물의 각 층 바닥면적의 총합

38 **A~D 중 건축면적이 두 번째로 넓은 건물은?**

① A ② B
③ C ④ D
⑤ E

 A의 건축면적 : $\dfrac{x}{300} \times 100 = 50$, $x = 150(m^2)$

B의 건축면적 : $\dfrac{x}{300} \times 100 = 60$, $x = 180(m^2)$

C의 건축면적 : $\dfrac{x}{200} \times 100 = 60$, $x = 120(m^2)$

D의 건축면적 : $\dfrac{x}{200} \times 100 = 50$, $x = 100(m^2)$

E의 건축면적 : $\dfrac{x}{400} \times 100 = 60$, $x = 240(m^2)$

건축면적이 두 번째로 넓은 건물은 B이다.

39 A~D 중 층수가 잘못 표기된 것은?

① A-3층 　　　　　② B-6층

③ C-6층 　　　　　④ D-8층

⑤ E-5층

정답해설 층수는 연면적을 건축면적으로 나눈 것과 같으므로,

A의 층수 : $600 \div 150 = 4$(층)

B의 층수 : $1,080 \div 180 = 6$(층)

C의 층수 : $720 \div 120 = 6$(층)

D의 층수 : $800 \div 100 = 8$(층)

E의 층수 : $1,200 \div 240 = 5$(층)

따라서 A의 층수가 잘못 표기 되었다.

소요시간		채점결과	
목표시간	39분	총 문항수	39문항
실제 소요시간	( )분 ( )초	맞은 문항 수	( )문항
초과시간	( )분 ( )초	틀린 문항 수	( )문항

정답 39 ①

Part II

추리

1. 언어추리

⏰ 문제풀이 시간 : 35초

▶ 제시된 명제가 모두 참일 때, 다음 전제를 보고 항상 참인 결론을 고르시오.

- 모든 사람은 죽는다.
- 아리스토텔레스는 사람이다.

따라서 _____

① 아리스토텔레스는 죽는다.

② 아리스토텔레스는 철학자이다.

③ 모든 사람이 죽는 것은 아니다.

④ 아리스토텔레스는 사람이 아니다.

⑤ 모든 죽지 않는 존재는 사람이 아니다.

전제1(대전제)	모든 사람은 죽는다.	모든 M(매개념)은 P(대개념)이다.	정언명제
전제2(소전제)	아리스토텔레스는 사람이다.	모든 S(소개념)는 M(매개념)이다.	정언명제
결 론	아리스토텔레스는 죽는다.	모든 S(소개념)는 P(대개념)이다.	정언명제

정답 ①

[삼단논법(Sylllogism Syllogismus)]

간접추리 가운데 연역법을 삼단논법이라고 한다. 두 개의 전제와 하나의 결론으로 이루어졌기 때문에 삼단논법이라고 하며 대체로 대전제, 소전제, 결론의 순서로 배열된다. 삼단논법은 그 전제를 구성하고 있는 판단의 종류가 정언판단인가 가언판단인가 선언판단인가에 따라, 정언적 삼단논법, 가언적 삼단논법, 선언적 삼단논법으로 구분한다.

　⊙ 정언적 : 어떤 명제, 주장, 판단을 아무 제약이나 조건 없이 단정 ↔ 가언적(假言的) · 선언적(選言的)

　ⓒ 선언판단 : 주제에 두 개 이상의 대응어 중의 하나와 일치 또는 불일치하는 판단

　ⓒ 가언적 : 일정한 조건을 가정하여 성립되는 또는 그런 것

[01~07] 제시된 명제가 모두 참일 때, 다음 전제를 보고 항상 참인 결론을 고르시오.

총 문항 수 : 7문항 | 총 문제풀이 시간 : 4분 5초 | 문항당 문제풀이 시간 : 35초

이 문제 주의★

01

• 모든 여성은 초록색을 좋아한다.

• 송이는 초록색을 좋아하지 않는다.

따라서 _____

---

① 송이는 여성이다.

② 송이는 여성이 아니다.

③ 송이는 나무를 좋아한다.

④ 어떤 여성은 초록색을 싫어한다.

⑤ 모든 사람들은 초록색을 좋아한다.

전제1	모든 여성은 초록색을 좋아한다.	모든 P는 M이다.	
전제2	송이는 초록색을 좋아하지 않는다.	모든 S는 M이 아니다.	
결론	송이는 여성이 아니다.	따라서 모든 S는 P가 아니다.	

이문제중요☆

02

- 가을이 오면 낙엽이 질 것이다.
- 낙엽이 지지 않았다.

따라서 _____

① 낙엽이 질 것이다.
② 가을이 오지 않았다.
③ 가을에는 낙엽이 진다.
④ 겨울에는 낙엽이 지지 않는다.
⑤ 가을이 오지 않으면 겨울이 오지 않는다.

전제1	가을이 오면 낙엽이 질 것이다.	만일 p이면 q이다.
전제2	낙엽이 지지 않았다.	q가 아니다.
결론	가을이 오지 않았다.	따라서 p가 아니다.

03

- 만약 철수가 여행을 가지 않는다면, 동창회에 참석할 것이다.
- 철수가 동창회에 참석한다면, 영희를 만날 것이다.

따라서 _____

① 철수는 여행에 가지 않을 것이다.
② 철수는 동창회에 참석할 것이다.
③ 철수는 동창회에 갔다가 여행을 갈 것이다.
④ 철수가 여행을 간다면 영희를 만날 것이다.
⑤ 철수가 여행을 가지 않는다면 영희를 만날 것이다.

정답해설	전제1	만약 철수가 여행을 가지 않는다면, 동창회에 참석할 것이다.	p라면 q이다.
	전제2	철수가 동창회에 참석한다면, 영희를 만날 것이다.	만약 q라면 r이다.
	결 론	철수가 여행을 가지 않는다면 영희를 만날 것이다.	따라서 p라면 r이다.

04

- 만약 정 과장이 늦잠을 잔다면 회사에 지각하게 될 것이다.
- 회사에 지각하면 간부회의에 참석하지 못할 것이다.

따라서 _____

① 정 과장은 회사에 지각하지 않을 것이다.
② 정 과장은 지각을 해도 간부회의에 참석할 것이다.
③ 정 과장이 지각한다면 간부회의는 진행되지 않을 것이다.
④ 정 과장이 늦잠을 잔다면 간부회의에 참석할 수 있을 것이다.
⑤ 정 과장이 간부회의에 참석한다면 늦잠을 잔 것이 아니다.

정답해설	전제1	만약 정 과장이 늦잠을 잔다면 회사에 지각하게 될 것이다.	p라면 q이다.
	전제2	회사에 지각하면 간부회의에 참석하지 못할 것이다.	q라면 r이다.
	결 론	정 과장이 간부회의에 참석한다면 늦잠을 잔 것이 아니다.	~r이라면 ~p이다. ※ '~r이라면 ~p이다.'는 'p라면 r이다.'의 대우이다.

TIP 명제

명제의 참과 거짓을 판단하는 경우 '대우관계'와 '삼단논법'이 많이 활용된다.

㉠ 명제 : 판단을 언어로 표현한 것이다. 'p이면 q이다'라는 형태를 취한다.

㉡ 삼단논법 : '닭은 새이다. 새는 동물이다. 따라서 닭은 동물이다'에서처럼 'p이면 q이다'가 참이고 'q이면 r이다'가 참이면 'p이면 r이다'도 참이 성립되는 것을 말한다.

㉢ 대우 : 명제 'p이면 q이다'에 대하여 'q가 아니면 p가 아니다'를 그 명제의 '대우'라고 한다. 명제가 참인 경우 그 '대우'는 반드시 참이다. 그러나 어떤 명제가 참이라도 '역'이 반드시 참인 것은 아니다.

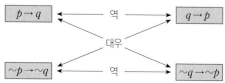

05

> • 흰색 토끼는 빠르다.
>
> • 흰색이 아닌 모든 토끼는 크다.
>
> 그러므로 _____

① 빠른 토끼는 크다.

② 흰색이 아닌 토끼는 크다.

③ 작은 토끼는 느리다.

④ 큰 토끼는 흰색이다.

⑤ 느린 토끼는 모두 크다.

정답해설 A : 흰색이다, B : 빠르다, C : 크다라고 하면 A → B, ~A → C가 참이므로 ~B → ~A → C가 성립한다.

즉, 빈칸에는 ~B → C 혹은 그 대우인 ~C → B가 들어가야 하므로 ⑤가 참인 문장이다.

06

• 수달은 비버보다 무겁다.
• 비버는 물개보다 가볍다.
그러므로 _____

① 수달은 물개보다 가볍다.
② 비버는 수달보다 무겁다.
③ 물개는 비버보다 무겁다.
④ 수달은 물개보다 무겁다.
⑤ 비버는 물개보다 무겁다.

정답해설 전제에 따르면, 수달은 비버보다 무겁고 비버는 물개보다 가볍다.
즉, 수달, 물개>비버 순으로 무거우므로 물개는 비버보다 무겁다는 말은 빈 칸에 들어갈 결론으로 적절하다.

오답해설 ① 수달은 물개보다 가벼운지 위 전제에서는 알 수 없다.
② 전제에 따르면, 비버는 수달보다 가볍다.
④ 수달은 물개보다 무거운지 위 전제에서는 알 수 없다.
⑤ 전제에 따르면, 비버는 물개보다 가볍다.

🔊 이문제중요!★
07

• 미영이는 토익 시험에서 연재보다 20점 더 받았다.
• 연아의 점수는 미영이보다 10점이 적다.
그러므로 _____

① 연재의 점수가 가장 높다.
② 연아의 점수가 가장 높다.

③ 미영이와 연재의 점수는 같다.

④ 연아의 점수는 연재의 점수보다 낮다.

⑤ 연아와 연재의 점수 차는 10점이다.

정답해설 첫 번째 전제를 식으로 정리하면 연재점수+20점=미영점수이며,
두 번째 전제를 식으로 정리하면 연아점수+10점=미영점수이다.
미영점수=연아점수+10점=연재점수+20점이므로,
미영>연아>연재의 순으로 점수가 높으며, 각각의 점수 차는 10점이다.
그러므로 '연아와 연재의 점수 차는 10점이다.'는 참인 결론이다.

오답해설 ① 연재의 점수가 아니라 미영의 점수가 가장 높다.
② 연아의 점수가 아닌 미영의 점수가 가장 높으며 연아는 두 번째로 점수가 높다.
③ 미영이와 연재의 점수는 20점 차이가 난다.
④ 연아의 점수는 연재의 점수보다 높다.

소요시간		채점결과	
목표시간	14분 5초	총 문항수	7문항
실제 소요시간	( )분 ( )초	맞은 문항 수	( )문항
초과시간	( )분 ( )초	틀린 문항 수	( )문항

기출유형분석

Part I

⏰ 문제풀이 시간 : 3분

▶ 5층 건물에 각 층마다 다른 국적을 가진 사람이 살고 있다. 그들은 서로 다른 취미를 가지며 각각 다른 음료수를 좋아한다고 할 때 다음 조건에 맞추어 물음에 알맞은 답을 고르시오. **(01~04)**

> 가. 미국인은 맥주를 좋아하고 영국인과 이웃하지 않는다.
> 나. 취미가 뜨개질인 사람과 영화감상인 사람은 맥주를 좋아하는 사람과 이웃한다.
> 다. 한국인은 커피와 뜨개질을 즐기는 사람과 이웃한다.
> 라. 영국인은 1층에 살고 있으며 취미가 독서이다.
> 마. 독일인은 콜라를 좋아하며, 운동이 취미인 사람과 이웃한다.
> 바. 녹차를 좋아하는 한국인은 독서가 취미인 사람과 이웃한다.
> 사. 프랑스인은 건물의 가운데 층에 살며, 독일인과 이웃하지 않는다.
> 아. 독서를 좋아하는 사람은 주스를 좋아하며, 여행이 취미인 사람과 이웃한다.

01 4층에 살고 있는 사람은 누구인가?

① 미국인   ② 한국인
③ 독일인   ④ 영국인
⑤ 프랑스인

정답해설

구분 층수	국적	음료수	취미
1	영국	주스	독서
2	한국	녹차	여행
3	프랑스	커피	뜨개질
4	미국	맥주	운동
5	독일	콜라	영화감상

02 뜨개질이 취미인 사람은 누구인가?

① 미국인   ② 독일인
③ 프랑스인   ④ 영국인
⑤ 한국인

03 여행을 좋아하는 사람이 좋아하는 음료수는 무엇인가?

① 주스   ② 녹차
③ 커피   ④ 맥주
⑤ 콜라

04 프랑스 사람이 이웃하는 사람의 특징으로 알맞지 않은 것은?

① 한국인은 프랑스 사람의 아래층에 산다.
② 운동을 좋아하는 사람이다.
③ 독서를 좋아하는 사람과 친하다.
④ 여행을 좋아하는 사람이다.
⑤ 맥주를 좋아하는 사람이다.

유형분석 이 유형은 주어진 조건을 표나 그림으로 정리해 푸는 것이 가장 확실한 방법이다.

정답 01 ① | 02 ③ | 03 ② | 04 ③

[01~02] 다음 주어진 조건을 충족한다고 할 때 질문에 알맞은 답을 고르시오.

총 문항 수 : 2문항 | 총 문제풀이 시간 : 1분 10초 | 문항당 문제풀이 시간 : 35초

[조건]

가. A회사에선 일주일에 3일은 업무, 2일은 휴식, 2일은 여행을 한다.
나. 비오기 전날은 여행하지 않는다.
다. 비오는 날은 업무를 보지 않는다.

라. 이번 주 화요일, 목요일, 토요일에 비가 왔다.

마. 일요일은 항상 휴식을 취한다.

이 문제 중요!*

01 업무를 보는 날은 무슨 요일인가?

① 월요일, 수요일, 금요일
② 월요일, 금요일, 토요일
③ 화요일, 목요일, 토요일
④ 화요일, 목요일, 금요일
⑤ 화요일, 수요일, 금요일

정답해설

	월	화	수	목	금	토	일
비							
업무	○	×	○	×	○	×	×
휴식	×		×		×		○
여행	×		×		×		×

이 문제 중요!*

02 어느 요일에 휴식을 취하면 목요일과 토요일에 여행을 갈 수 있게 되는가?

① 월요일
② 화요일
③ 수요일
④ 금요일
⑤ 알 수 없다.

정답해설 3일은 업무, 2일은 휴식, 2일은 여행을 해야한다에서 일요일에 휴식을 취하므로 월요일, 수요일, 금요일엔 업무를 보게 되고, 화요일에도 휴식을 취한다면 목요일과 토요일에 여행을 갈 수 있게 된다.

[03~04] 영수, 철수, 만수가 세 개의 각기 다른 공을 손에 들고 나란히 앉아 있다고 할 때 다음 조건에 맞추어 질문에 알맞은 답을 고르시오.

총 문항 수 : 2문항 | 총 문제풀이 시간 : 1분 30초 | 문항당 문제풀이 시간 : 45초

[조건]

가. 영수, 철수, 만수는 축구공, 야구공, 농구공 중 하나를 반드시 손에 들고 있다.

나. 세 명은 각각, 안경, 마스크, 모자 중 하나를 착용하고 있다.

다. 영수는 맨 오른쪽에 앉아 있다.

라. 철수는 농구공을 손에 들고 있으며 안경은 쓰고 있지 않다.

마. 안경을 쓴 학생의 바로 오른쪽에는 마스크를 쓴 학생이 앉아 있다.

바. 야구공을 든 학생은 마스크를 쓰고 있고 만수는 모자를 쓰지 않았다.

03 모자를 쓰고 있는 사람은 누구인가?

① 영수

② 철수

③ 만수

④ 영수, 만수

⑤ 알 수 없다.

 다. 영수는 맨 오른쪽에 앉아 있으므로

		영수

라. 마. 철수는 농구공을 들고 있고 안경은 쓰고 있지 않으며, 안경을 쓴 학생의 바로 오른쪽에는 마스크를 쓴 학생이 앉아 있으므로

철수		영수
농구공		
	안경	마스크

또는

	철수	영수
	농구공	
안경	마스크	

바. 야구공을 든 학생은 마스크를 쓰고 있으므로

철수		영수
농구공	축구공	야구공
	안경	마스크

바. 누군가 모자를 쓰고 있지만 그 학생이 만수는 아니므로

철수	만수	영수
농구공	축구공	야구공
모자	안경	마스크

Part I

Part II

04 영수의 옆에 앉아 있는 사람이 들고 있는 공은?

① 축구공
② 야구공
③ 농구공
④ 축구공, 야구공
⑤ 알 수 없다.

정답해설 03번 해설 참조

[05~06] 다음에 주어진 조건에 맞추어 알맞은 답을 구하시오.

총 문항 수 : 2문항 | 총 문제풀이 시간 : 3분 | 문항당 문제풀이 시간 : 1분 30초

가. 주차장에 각각 다른 차종의 자동차 다섯 대(A~E)가 나란히 주차되어 있다.

나. 각 차의 주인들은 연령층이 모두 다르며, 각각 다른 도시에 산다.

다. 각 차의 주인들은 각각 다른 종류의 직업과 취미를 갖고 있다.

라. 한가운데에 주차된 차의 주인은 인천에 산다.

마. 맨 왼쪽에 주차된 차의 주인은 연령층이 20대이다.

바. C의 주인은 연령층이 60대이다.

사. E의 주인은 볼링이 취미이다.

아. B의 주인은 부산에 산다.

자. D는 E의 바로 왼쪽에 주차되어 있다.

차. 연령층이 20대인 사람은 사무직에 종사한다.

카. 연령층이 50대인 사람은 광주에 산다.

타. 직업이 자영업인 사람은 등산이 취미이다.

파. 건설업에 종사하는 사람의 차는 영화 감상이 취미인 사람의 차 바로 오른쪽에 주차되어 있다.

하. 골프가 취미인 사람의 차는 사무직에 종사하는 사람의 차 바로 옆에 주차되어 있다.

거. IT업에 종사하는 사람은 대전에 산다.

너. D의 주인은 교직에 종사한다.

더. A는 연령층이 40대인 사람의 차 바로 왼쪽에 주차되어 있다.

러. 건설업에 종사하는 사람의 차는 대구에 사는 사람의 차 바로 오른쪽에 주차되어 있다.

머. B는 대구에 사는 사람의 차와 인천에 사는 사람의 차 사이에 주차되어 있다.

버. 음악 감상이 취미인 사람의 차 바로 옆에는 연령층이 30대인 사람의 차가 주차되어 있다.

05 차종이 C인 사람의 직업은?

① 사무직　　　　　　② 건설업
③ 자영업　　　　　　④ 교직
⑤ IT업

차종	A	B	C	D	E
연령층	20대	40대	60대	50대	30대
도시	대구	부산	인천	광주	대전
직업	사무직	건설업	자영업	교직	IT업
취미	영화 감상	골프	등산	음악 감상	볼링

06 건설업에 종사하는 사람의 연령층은?

① 20대　　　　　　② 30대
③ 40대　　　　　　④ 50대
⑤ 60대

05번 해설 참고

07 S사 연구원 9명(A, B, C, D, E, F, G, H, I)을 3명씩 3개 T/F팀으로 편성하여, 3개의 신규 프로젝트(P1, P2, P3)를 추진하고자 한다. T/F팀당 1개의 프로젝트만을 추진하고, 연구원 9명은 반드시 1개의 T/F팀에 배정된다. 다음 중 같은 팀을 구성할 수 있는 연구원끼리 올바르게 짝지어진 것은?

가. C와 H는 같은 팀이다.

나. E와 F는 같은 팀이다.

다. D와 I는 다른 팀이다.

라. G는 P2를 추진해야 한다.

마. B는 D와 G 중 적어도 한 명과 같은 프로젝트를 추진해야 한다.

① A, D, G

② A, F, I

③ B, D, E

④ C, E, G

⑤ C, D, H

 정답 해설 '마'에서

- B와 D가 같은 팀일 때,

B, D, A	C, H, G 또는 I	E, F, G/I
B, D, G	C, H, A 또는 I	E, F, A/I

- B와 G가 같은 팀일 때,

B, G, A	C, H, D 또는 I	E, F, D/I
B, G, D	C, H, A 또는 I	E, F, A/I
B, G, I	C, H, A 또는 D	E, F, A/D

따라서 보기에서 같은 팀을 구성할 수 있는 연구원은 C, D, H의 경우뿐이다.

08 새해가 되어 철수가 친척들을 방문하려 할 때, 철수가 방문할 수 있는 친척은?

[조건]

- 큰아버지와 형수는 함께 방문할 수 없다.
- 고모와 형수는 함께 방문할 수 없다.
- 큰어머니와 삼촌은 반드시 함께 방문해야 한다.
- 큰어머니와 사촌 동생은 반드시 함께 방문해야 한다.
- 할머니와 조카는 함께 방문할 수 없다.
- 형수와 할아버지는 반드시 함께 방문해야 한다.
- 조카와 삼촌은 반드시 함께 방문해야 한다.
- 사촌 동생과 고모는 반드시 함께 방문해야 한다.
- 작은아버지와 고모는 함께 방문할 수 없다.

① 큰아버지와 할아버지
② 큰어머니와 고모
③ 큰어머니와 할머니
④ 큰어머니와 형수
⑤ 큰아버지와 고모

 큰어머니와 사촌 동생은 반드시 함께 방문해야 하는데 사촌 동생과 고모도 반드시 함께 방문해야 하므로 철수는 큰어머니와 사촌 동생, 고모와 함께 방문할 수 있다.

TIP 삼단논법

명제의 참과 거짓을 판단하는 경우 '대우관계'와 '삼단논법'이 많이 활용된다.

- **명제** : 어떤 문제에 대한 하나의 논리적 판단 내용과 주장을 언어 또는 기호로 표현한 것이다. 'p이면 q이다'라는 형태를 취한다.
- **삼단논법** : '닭은 새이다. 새는 동물이다. 따라서 닭은 동물이다'에서처럼 'p이면 q이다'가 참이고 'q이면 r이다'가 참이면 'p이면 r이다'도 참이 성립하는 것을 말한다.
- **대우** : 명제 'p이면 q이다'에 대하여 'q가 아니면 p가 아니다'를 그 명제의 '대우'라고 한다. 명제가 참인 경우 그 '대우'는 반드시 참이다. 그러나 어떤 명제가 참이라도 '역'과 '이'가 반드시 참인 것은 아니다.

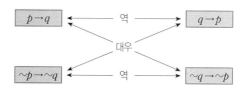

09 어느 달의 첫 날은 화요일이고, 마지막 날은 월요일이다. 그 다음 달의 마지막 날은 무슨 요일인가?

① 화요일
② 목요일
③ 금요일
④ 토요일
⑤ 일요일

정답해설 첫날이 화요일이고 마지막 날이 월요일인 달은 날 수가 28일인 2월이다. 따라서 다음 달은 3월이고 31일까지 있는 3월의 마지막 날은 목요일이 된다.

10 5층짜리 건물에 A, B, C, D, E 5개의 상가가 들어서려고 한다. 다음 조건에 따라 한 층에 하나의 상가만이 들어설 수 있다. 주어진 조건을 만족시켰을 때 보기 중 항상 참인 것은 무엇인가?

- A는 항상 B의 바로 아래에 나란히 자리한다.
- C는 항상 4층에 자리한다.
- D, E는 인접해 있을 수 없다.

① C가 4층이면 E는 A보다 위층에 있다.

② C가 4층이면 A는 5층에 있다.

③ C가 4층이면 D는 1층에 올 수 없다.

④ C가 4층이면 B는 2층 혹은 3층에 있다.

⑤ C가 4층이면 A는 3층 이상에 있다.

정답해설 조건에 따르면 다음의 표처럼 되므로 C가 4층에 있을 때 A는 1층 혹은 2층, B는 2층에 있거나 3층에 자리하게 된다.

5	E	D	E	D
4	C	C	C	C
3	D	E	B	B
2	B	B	A	A
1	A	A	D	E

11

네 개의 의자에 지훈, 재한, 윤훈, 선예가 일렬로 앉으려고 한다. 다음과 같은 조건이 있다면 윤훈이는 왼쪽에서 몇 번째 의자에 앉아야 하는가?

- 선예가 오른쪽에서 두 번째 의자에 앉아야 한다.
- 지훈이는 재한이의 바로 오른쪽, 선예의 바로 왼쪽에 앉아야 한다.

① 첫 번째

② 두 번째

③ 세 번째

④ 네 번째

⑤ 알 수 없다.

정답해설 이들이 앉아 있는 순서는 다음과 같다.

왼쪽 │재한│ │지훈│ │선예│ │윤훈│ 오른쪽

12 다음 중 "A는 결혼을 하지 않았다."는 진술과 모순되는 진술을 이끌어 내기 위해 필요한 전제를 아래 [보기]에서 모두 맞게 고른 것은?

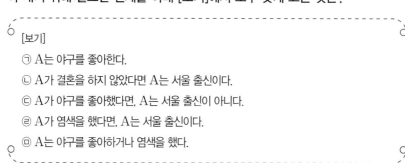

[보기]

㉠ A는 야구를 좋아한다.

㉡ A가 결혼을 하지 않았다면 A는 서울 출신이다.

㉢ A가 야구를 좋아했다면, A는 서울 출신이 아니다.

㉣ A가 염색을 했다면, A는 서울 출신이다.

㉤ A는 야구를 좋아하거나 염색을 했다.

① ㉠, ㉡, ㉢

② ㉠, ㉡, ㉣

③ ㉡, ㉢, ㉣

④ ㉡, ㉢, ㉤

⑤ ㉡, ㉣, ㉤

정답해설 "A는 결혼을 했다."라는 진술이 제시된 진술과 모순이다. 〈보기〉 중 결혼과 관련된 전제인 ㉡을 명제로 볼 때, 그 대우인 "A가 서울 출신이 아니라면 A는 결혼을 했다."는 참이 된다. 이 때, "A는 서울 출신이 아니다."라는 전제가 포함된 ㉠과 ㉢이 필요하므로 ㉠, ㉡, ㉢이 모두 필요하다는 것을 알 수 있다.

[13~15] 다음 문장을 읽고 그 내용에 가장 부합하는 것을 고르시오.

총 문항 수 : 3문항 | 총 문제풀이 시간 : 1분 30초 | 문항당 문제풀이 시간 : 30초

 이 문제 중요!★

13

• 오늘 별똥별이 떨어지면 내일 비가 올 것이다.

• 바다가 기분이 좋으면 별똥별이 떨어진다.

• 바다는 아름답다.

따라서 _____

① 오늘 별똥별이 떨어지지 않으면 내일 비가 오지 않는다.
② 바다가 아니면 아름답지 않다.
③ 오늘 바다가 기분이 좋으면 내일 비가 올 것이다.
④ 바다가 아름다우면 오늘 별똥별이 떨어질 것이다.
⑤ 내일 비가 오지 않으면 바다는 아름답다.

정답해설 ③ 바다가 기분이 좋으면 별똥별이 떨어지고, 별똥별이 떨어지면 다음날 비가 올 것이라고 했으므로 오늘 바다가 기분이 좋으면 내일 비가 올 것이다는 명제는 참이다.
①, ② 항상 참인 것은 아니다.

14

- 이번 수학 시험에서 민정이가 가장 높은 점수를 받았다.
- 정연이는 수학 시험에서 86점을 받아 2등을 했다.
- 가아는 지난 수학 시험보다 10점 높은 점수를 받았다.

따라서 _____

① 가아는 민정이와 같은 수학 점수를 받았다.
② 가아는 정연이보다 높은 수학 점수를 받았다.
③ 민정이의 수학 점수는 86점보다 높다.
④ 가아는 정연이보다 10점 낮은 점수를 받았다.
⑤ 가아는 지난 수학 시험에서 76점을 받았다.

정답해설 수학 시험에서 민정이는 가장 높은 점수를 받았고, 2등을 한 정연이가 86점을 받았으므로 민정이의 수학 점수는 86점보다 높다.

15

> 당근을 좋아하는 사람은 라디오를 갖고 있다.
>
> 모든 거짓말쟁이는 긴 코를 가지고 있다.
>
> 우유를 마시지 않는 사람은 모두 키가 작다.
>
> 키가 작은 사람 중 일부는 당근을 싫어한다.
>
> 긴 코를 가진 모든 거짓말쟁이는 모든 텔레비전을 갖고 있다.
>
> 당근을 싫어하는 모든 사람은 코가 빨갛다.
>
> 텔레비전을 가진 사람 중에는 우유를 마시지 않는 사람도 있다.
>
> 그러므로 _____

① 긴 코를 가진 거짓말쟁이 중에는 키가 작은 사람이 있다.

② 모든 거짓말쟁이는 당근을 좋아한다.

③ 라디오를 갖고 있지 않은 사람은 키가 크다.

④ 코가 빨갛지 않으면 거짓말쟁이가 아니다.

⑤ 우유를 마시는 사람은 모두 당근을 싫어한다.

정답해설 모든 거짓말쟁이는 긴 코와 텔레비전을 갖고 있다. 이들 중에는 우유를 마시지 않는 사람이 있는데 우유를 마시지 않는 모든 사람은 키가 작으므로, 긴 코를 가진 거짓말쟁이 중에는 키가 작은 사람이 있다.

소요시간		채점결과	
목표시간	13분	총 문항수	15문항
실제 소요시간	( )분 ( )초	맞은 문항 수	( )문항
초과시간	( )분 ( )초	틀린 문항 수	( )문항

2. 단어유추

🕐 문제풀이 시간 : 20초

▶ 다음 제시된 단어의 상관관계를 잘 이해한 후, 그와 같은 관계가 되도록 알맞은 것을 고르시오.

땅 : ( ) = 비행기 : 대

① 대지   ② 필지
③ 요지   ④ 택지
⑤ 공터

정답해설 물건을 세는 단위를 묻는 문제이다.
　② **필지(筆地)** : 논, 밭, 대지 등을 세는 단위

오답해설 ① **대지(大地)** : 대자연의 넓고 큰 땅
　③ **요지(要地)** : 중요한 역할을 하는 곳, 또는 그런 핵심이 되는 곳
　④ **택지(宅地)** : 건물을 세울 수 있는 여건이 갖춰진 토지를 이르는 말
　⑤ **공터** : 빈 땅, 빈 터, 공처(空處), 공한지

정답 ②

[01~03] 다음 제시된 단어의 상관관계를 잘 이해한 후, 그와 같은 관계가 되도록 알맞은 것을 고르시오.

총 문항 수 : 3문항 | 총 문제풀이 시간 : 1분 30초 | 문항당 문제풀이 시간 : 30초

01 도로(道路) : 국도(國道) = (   ) : 사각형

① 정삼각형   ② 다각형
③ 직사각형   ④ 정사각형
⑤ 마름모

정답해설 도로와 국도는 상하관계이므로 빈칸은 다각형이 들어가는 것이 적절하다.

02 호젓하다 : (   ) = 보조개 : 볼우물

① 대꾼하다   ② 대살지다
③ 후미지다   ④ 담숙하다
⑤ 번거롭다

정답해설 보조개 : 말하거나 웃을 때에 두 볼에 움푹 들어가는 자국. '볼우물'이라고도 함
호젓하다 : 후미져서 무서움을 느낄 만큼 고요하다. '후미지다'와 유사한 의미
① 대꾼하다 : 생기가 없이 파리하다.
② 대살지다 : 몸이 야위고 파리하다.
④ 담숙하다 : 포근하고 폭신하다.
⑤ 번거롭다 : 어수선하고 복잡한 데가 있다.

03 화백회의 : 신라 = 제가회의 : ( )

① 부여   ② 고구려
③ 발해   ④ 백제
⑤ 고려

정답해설 화백회의 : 신라의 귀족 대표자 회의
제가회의 : 고구려 때 국가의 정책을 심의하고 의결하던 귀족회의

[04~09] 다음 나열된 문자의 공통된 규칙을 찾아 빈칸에 들어갈 알맞은 문자를 고르시오.

총 문항 수 : 6문항 | 총 문제풀이 시간 : 2분 30초 | 문항 당 문제풀이 시간 : 30초

이문제중요★

04 라 다 바 마 아 ( )

① 라   ② 사
③ 카   ④ 타
⑤ 파

정답해설

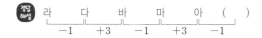

05 타 하 차 타 아 ( )

① 카   ② 하
③ 아   ④ 차
⑤ 파

정답해설

타   하   차   타   아   (   )

　　+2　−4　+2　−4　+2

06 하 사 나 다 하 사 나 다 하 사 나 (   )

① 가   ② 바
③ 다   ④ 아
⑤ 자

정답해설 (하사나다) (하사나다) (하사나?)

07 A ㄴ ㄹ G ㅋ ㄴ (   )

① ㅅ   ② H
③ ㅎ   ④ V
⑤ ㅈ

정답해설 A(1)　ㄴ(2)　ㄹ(4)　G(7)　ㅋ(11)　ㄴ(16)　V(22)

　　　　　+1　+2　+3　+4　+5　+6

한글 자음은 총 14개이므로

16−14=2 → ㄴ

22−14=8 → ㅇ

빈칸에 들어갈 수 있는 문자는 22번째 알파벳인 V 또는 8번째 한글 자음인 ㅇ이다.

08 마   h   P   ㅋ   W   호   (   )

① ㅂ
② 주
③ r
④ U
⑤ ㅎ

정답해설

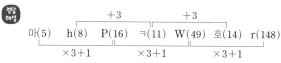

알파벳은 총 26개이므로

$49-26=23 \rightarrow W$

$148-(26 \times 5)=148-130=18 \rightarrow r$

한글 자음은 총 14개이므로

$148-(14 \times 10)=148-140=8 \rightarrow \circ$

빈칸에 들어갈 수 있는 문자는 18번째 알파벳인 r 또는 8번째 한글 자음인 ㅇ이다.

09 ㄱ   ㄷ   D   G   ㅋ   ㄹ   (   )   U

① ㄱ
② C
③ ㅁ
④ H
⑤ ㅂ

정답해설

ㄱ(1) ㄷ(3) D(4) G(7) ㅋ(11) ㄹ(18) C(29) U(47)

앞선 두 문자의 번호에 해당하는 숫자를 더하면 다음 문자의 번호가 된다. 또한 한글 자음과 알파벳이 각각 두 개씩 번갈아 배열되어 있으므로, 빈칸에는 알파벳이 들어가야 한다.

알파벳은 총 26개이므로

$29-26=3 \rightarrow C$

[10~12] 다음 제시된 그림을 이해하고 '?'에 들어갈 알맞은 문자를 고르시오.

총 문항 수 : 3문항 | 총 문제풀이 시간 : 2분 | 문항당 문제풀이 시간 : 40초

10

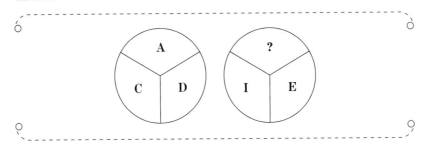

① F
② G
③ D
④ B
⑤ A

정답
해설 $\{C(3)+D(4)\} \div 7 = A(1)$, $\{I(9)+E(5)\} \div 7 = B(2)$

📢이 문제 중요★

11

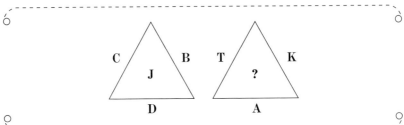

① P   ② T
③ U   ④ O
⑤ J

정답해설 $\{C(3)-B(2)+D(4)\}\times 2=J(10)$, $\{T(20)-K(11)+A(1)\}\times 2=T(20)$

12

→

B	C	E
O		H
N	?	I

① I   ② K
③ J   ④ M
⑤ L

정답해설
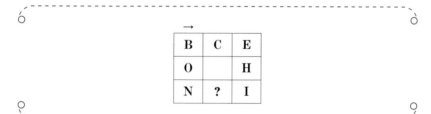

B   C   E   H   I   ?   N   O
+1   +2   +3   +1   +2   +3   +1

소요시간		채점결과	
목표시간	4분	총 문항수	12문항
실제 소요시간	( )분( )초	맞은 문항 수	( )문항
초과시간	( )분( )초	틀린 문항 수	( )문항

기출유형분석

⏰ 문제풀이 시간 : 1분

▶ 다음에 제시된 단어들의 관계와 유사한 것을 고르시오.

구두 – 켤레

① 기와 – 접　　　　　　② 북어 – 쾌
③ 바늘 – 코　　　　　　④ 인삼 – 축
⑤ 굴비 – 죽

정답해설　구두의 단위는 '켤레'이며, 북어의 단위는 '쾌'이다. 북어 1쾌는 20마리이다.

오답해설　① 기와를 묶어서 세는 단위는 '우리'이다.(한 우리=기와 2,000개)
　　　　　'접'은 과일이나 채소를 묶어서 세는 단위이다.
　　　　③ 바늘을 묶어서 세는 단위는 '쌈'이다.(한 쌈=바늘 24개)
　　　　　'코'는 낙지, 명태 따위를 세는 단위이다.(한 코=20마리)
　　　　④ 가공하지 않은 인삼을 묶어 세는 단위를 '채'라고 한다.(한 채=인삼 100근)
　　　　　'축'은 말린 오징어 따위를 묶어서 세는 단위이다.(한 축=20마리)
　　　　⑤ 굴비를 묶어서 세는 단위는 '두름'이다.(한 두름=20마리)
　　　　　'죽'은 그릇 따위를 10개씩 묶어 세는 단위이다.

정답 ②

[01~05] 다음에 제시된 단어들의 관계와 유사한 것을 고르시오.

총 문항 수 : 5문항 | 총 문제풀이 시간 : 5분 | 문항당 문제풀이 시간 : 1분

01

낱말 – 문장

① 선 – 면　　　　　　② 면 – 원
③ 선 – 직선　　　　　④ 원 – 뿔
⑤ 원 – 타원

정답해설 낱말이 모여 문장을 이루고 선이 모여 면을 이룬다.

📢**이 문제 중요!**★

02

┌─────────────────────────────┐
│   종이 – 나무   │
└─────────────────────────────┘

① 밤 – 도토리　　　　② 가위 – 풀
③ 유기그릇 – 놋쇠　　④ 사탕 – 초콜릿
⑤ 죽순 – 대나무

정답해설 종이는 나무를 재료로 하여 만들어지고, 유기그릇(놋그릇)은 놋쇠를 재료로 하여 만들어진다.

03

┌─────────────────────────────┐
│   공업 – 산업   │
└─────────────────────────────┘

① 햇빛 – 선글라스　　② 발 – 운동화
③ 돼지 – 가축　　　　④ 개나리 – 봄
⑤ 사자 – 호랑이

정답해설 공업은 산업의 하위 개념이다. 돼지는 가축의 일종이다.

04

완화 – 긴축

---

① 고매 – 고결　　　　　② 시사 – 암시
③ 찬조 – 협찬　　　　　④ 집중 – 분산
⑤ 원조 – 원론

정답해설　완화와 긴축은 서로 반의어 관계 이므로 이와 같은 관계를 고르면 집중과 분산이다.
　　　④ 분산(分散) : 갈라져 흩어짐

오답해설　① 고매(高邁) : 성품이나 학식 따위가 높고 빼어나다. ㈜ 고결(高潔)
　　　② 시사(示唆) : 어떤 것을 미리 간접적으로 표현해 줌 ㈜ 암시(暗示)
　　　③ 찬조(贊助) : 어떤 일의 뜻에 찬동해 도와줌 ㈜ 협찬(協贊)
　　　⑤ 원조(元祖) : 최초의 시작으로 인정되는 사물이나 물건

05

길이 – 마일

---

① 무게 – 킬로그램　　　　② 미터 – 센티미터
③ 킬로미터 – 높이　　　　④ 거리 – 속도
⑤ 피트 – 야드

정답해설　마일(mile)은 길이를 재는 단위이다. 따라서 이와 같은 관계는 무게를 재는 단위인 킬로그램과 짝을 이루는 ①이 적절하다.

소요시간		채점결과	
목표시간	5분	총 문항수	5문항
실제 소요시간	( )분 ( )초	맞은 문항 수	( )문항
초과시간	( )분 ( )초	틀린 문항 수	( )문항

기출유형분석

🕐 문제풀이 시간 : 1분

▶ 다음 중 빈칸에 들어갈 단어가 순서대로 바르게 연결된 것을 고르시오.

> 영겁 : 찰나 = ( ) : ( )

① 고의, 과실　　　　　　② 공헌, 기여

③ 짐짓, 일부러　　　　　④ 효용, 효능

⑤ 즉시, 바로

정답해설 '영겁(永劫)'과 '찰나(刹那)'는 반의어관계이다. 따라서 빈칸에는 반의어관계인 '고의(故意)'와 '과실(過失)'이 들어가야 한다.

영겁(永劫) : 영원한 세월을 이르는 말이다.

찰나(刹那) : 매우 짧은 시간을 이르는 말이다.

① **고의(故意)** : 일부러 하는 생각이나 태도를 이르는 말이다.

　　과실(過失) : 부주의나 태만 따위에서 비롯된 잘못이나 허물을 이르는 말이다.

오답해설 ②, ③, ④, ⑤ 모두 유의어관계이다.

정답 ①

Part I

Part II

[01~09] 다음 중 빈칸에 들어갈 단어가 순서대로 바르게 연결된 것을 고르시오.

총 문항 수 : 9문항 | 총 문제풀이 시간 : 9분 | 문항당 문제풀이 시간 : 1분

01

> 고구마 : ( ) = ( ) : 줄기

① 열매, 더덕　　　　　　② 뿌리, 토마토

③ 줄기, 당근　　　　　　④ 뿌리, 감자

⑤ 줄기, 고추

정답해설 고구마는 뿌리에 달린 뿌리식물이며, 감자는 줄기부분에 달린 줄기식물이다.

02

> 도로(道路) : 국도(國道) = ( ) : ( )

① 스승, 제자
② 부모, 자녀
③ 다각형, 사각형
④ 남편, 아내
⑤ 신랑, 신부

정답해설 '도로(道路)'와 '국도(國道)'는 상하관계이므로 빈칸에는 '다각형'과 '사각형'이 들어가는 것이 적절하다.
국도(國道) : 나라에서 직접 관리하는 도로로 고속 국도와 일반 국도가 있다.
다각형 : 셋 이상의 직선으로 둘러싸인 평면 도형으로 삼각형, 사각형, 오각형 등이 포함된다.

오답해설 ①, ②, ④, ⑤ 어떤 의미를 보다 명확하게 하기 위하여 대응되는 상대(相對)관계에 해당한다.

03

> ( ) : ( ) = 횡단 : 종단

① 우연, 필연
② 무단, 대륙
③ 시작, 시초
④ 단면, 단면적
⑤ 회장, 사장

정답해설 '횡단(橫斷)'과 '종단(縱斷)'은 반의어관계이다. 따라서 빈칸에는 반의어관계인 '우연(偶然)'과 '필연(必然)'이 들어가는 것이 적절하다.
우연(偶然) : 아무런 인과관계가 없이 뜻하지 아니하게 일어난 일을 이르는 말이다.
필연(必然) : 사물의 관련이나 일의 결과가 반드시 그렇게 될 수밖에 없음을 이르는 말이다.

04

오상고절 : (　) = (　) : 대나무

① 오월동주, 소나무   ② 매화, 세한고절
③ 국화, 세한고절   ④ 겨울, 여름
⑤ 소나무, 무소불위

Part I

Part II

정답해설 **오상고절(傲霜孤節)** : 서릿발이 심한 추위 속에서도 굴하지 않고 홀로 꼿꼿하다는 뜻으로 '충신' 또는 '국화'를 뜻한다.
세한고절(歲寒孤節) : 추운 계절에도 홀로 푸른 대나무를 이르는 말이다.

오답해설 ① **오월동주(吳越同舟)** : 오나라 사람과 월나라 사람이 한 배에 타고 있다는 뜻으로 어려운 상황에서는 원수라도 협력하게 됨, 뜻이 전혀 다른 사람들이 한자리에 있게 됨을 이르는 말이다.

05

식혜 : 엿기름 = (　) : (　)

① 막걸리, 누룩   ② 막걸리, 발효
③ 가자미, 누룩   ④ 소주, 밀가루
⑤ 된장, 콩

정답해설 식혜는 엿기름의 당화 효소를 이용해서 만드는 전통음료이다. 또한 막걸리는 찹쌀·멥쌀·보리·밀가루 등을 쪄서 누룩과 물을 섞은 후에 발효시킨 한국 고유의 술이다.

06

초가 : (　) = 너와집 : (　)

① 돌, 볏짚　　　　　　　　② 볏짚, 기와
③ 갈대, 소나무　　　　　　④ 시멘트, 떡갈나무
⑤ 벼, 감나무

 초가는 갈대, 새, 볏짚 등으로 지붕을 덮은 집을 말하고 너와집은 지붕을 붉은 소나무 조각으로 덮은 집을 말한다.

07

신부 : (　　) = (　　) : 연기

① 미사, 배우　　　　　　②　신랑, 연탄
③ 기도, 영화　　　　　　④ 고백, 운동
⑤ 교회, 성당

 '신부(神父)'는 '미사'를 지내고, '배우'는 '연기'를 한다.

08

그래피티 : 벽 = (　　) : (　　)

① 컴퓨터, 마우스　　　　② 수묵화, 화선지
③ 유화, 화선지　　　　　④ 비행기, 여권
⑤ 코로나, 백신

 그래피티(Graffiti)는 벽에 쓰인 낙서나 그림을 말하며 수묵화는 화선지에 먹으로 그린 그림이다.

이 문제 중요! ☆★

09

( ) : ( ) = 적자 : 흑자

① 밀접, 친밀   ② 연장, 단축

③ 연장, 위축   ④ 의정부, 영의정

⑤ 시간, 공간

정답 해설 적자와 흑자는 반의어 관계이다.

연장(延長) : 시간 또는 거리를 본래보다 길게 늘림

단축(短縮) : 일정 수준보다 짧게 줄임

오답 해설 ① **밀접(密接)** : 아주 가깝게 맞닿아 있거나 그런 관계에 있음

친밀(親密) : 지내는 사이가 매우 친하고 가까움

③ **위축(萎縮)** : 어떤 힘에 눌려서 졸아들어 펴지지 못하거나 자라지 못함

④ 조선시대 의정부의 수장은 영의정이다.

소요시간		채점결과	
목표시간	9분	총 문항수	9문항
실제 소요시간	( )분 ( )초	맞은 문항 수	( )문항
초과시간	( )분 ( )초	틀린 문항 수	( )문항

3. 도형추리

⏱ 문제풀이 시간 : 15초

▶ 다음에 배열되어 있는 도형의 일정한 규칙을 찾아 해당 순서에 알맞은 도형을 고르시오.

①

②

③

④

⑤

 도형을 시계 반대 방향으로 90°씩 회전시킨다.

정답 ④

[01~05] 다음에 배열되어 있는 도형의 일정한 규칙을 찾아 해당 순서에 알맞은 도형을 고르시오.

총 문항 수 : 5문항 | 총 문제풀이 시간 : 1분 15초 | 문항당 문제풀이 시간 : 15초

01

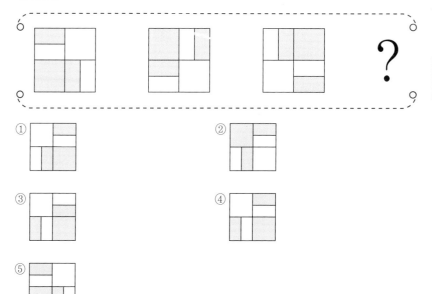

 도형은 시계 방향으로 90°씩 회전하고 있다.

02

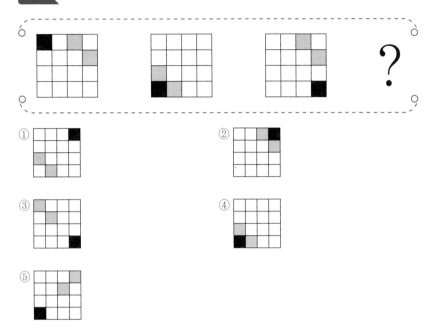

정답해설 검은색 면은 시계 반대방향으로 90°씩 회전하고, 회색 면은 대각선 방향으로 번갈아 교체되고 있다.

03

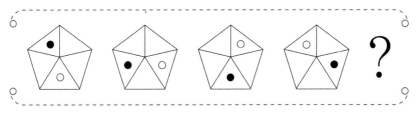

①

②

③

④

⑤

Part I
Part II

정답 해설 5개의 삼각형으로 이루어진 오각형으로, 안쪽에는 흰색과 검은색의 원이 그려져 있다. 이 두 개의 원이 시계 반대 방향으로 한 칸씩 이동하고 있다.

04

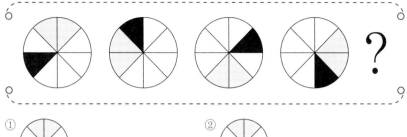

①

②

③

④

⑤

 검은색은 시계 방향으로 두 칸씩, 회색은 시계 반대 방향으로 두 칸씩 이동하고 있다.

05

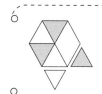

①

②

③

④

⑤

Part I
Part II

정답 해설 큰 육각형 안의 색은 시계 방향으로 한 칸씩 이동하고 있다. 육각형의 바깥쪽에 있는 두 개의 삼각형은 시계 방향으로 한 칸씩 이동하고 있다.

기출유형분석

문제풀이 시간 : 15초

▶ 다음에 제시된 도형의 좌우 관계가 같도록 '?'에 들어갈 알맞은 도형을 고르시오.

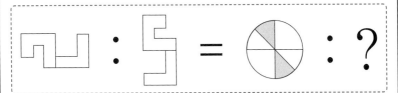

①

②

③

④

⑤

정답해설 도형을 시계 방향으로 90° 회전시킨 후 좌우를 뒤집는다.

정답 ①

[01~05] 다음에 제시된 도형의 좌우 관계가 같도록 '?'에 들어갈 알맞은 도형을 고르시오.

총 문항 수 : 5문항 | 총 문제풀이 시간 : 1분 15초 | 문항당 문제풀이 시간 : 15초

01

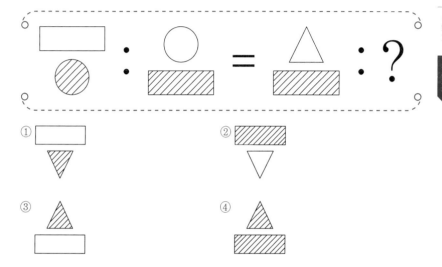

도형을 180° 회전시킨 후 빗금친 부분은 빗금을 제거하고 빗금이 없는 부분에는 빗금을 친다.

02

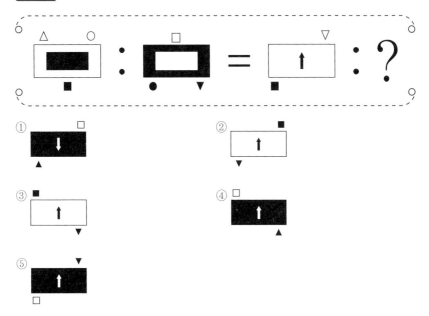

정답
해설 왼쪽 도형을 180° 회전시킨 후 색을 반전하면 ① 도형이 된다.

03

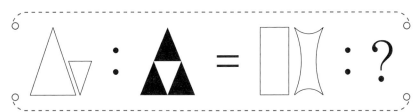

①

②

③

④

⑤

정답 해설 두 도형을 포갠 후 겹치지 않는 영역을 칠한다.

04

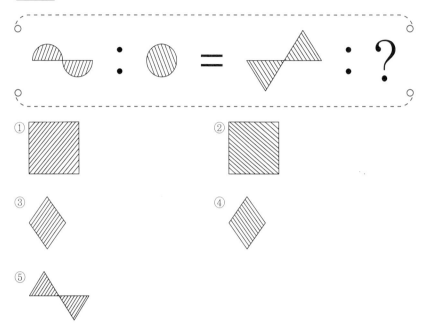

정답
해설 왼쪽 도형의 윗부분과 아랫부분을 분리하여 서로 합친 후 좌우를 뒤집으면 ③ 도형이 된다.

05

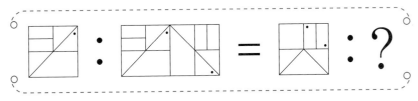

①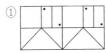

②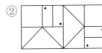

③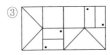

④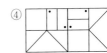

⑤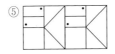

정답
해설 왼쪽의 도형과 같은 도형을 시계 방향으로 90° 회전시킨 후 원래 도형의 오른쪽에 붙이면 ② 도형이 된다.

기출유형분석

⏱ 문제풀이 시간 : 15초

▶ 다음 주어진 도형들을 보고 '?'에 들어갈 도형을 보기에서 고르시오.

①

②

③

④

⑤

정답해설 행마다 큰 도형 안에 있는 작은 삼각형, 사각형, 원은 칸마다 하나씩 들어간다. 첫 번째 열 바깥 쪽 큰 도형과 세 번째 열 바깥 쪽 큰 도형은 서로 같다.

정답 ①

[01~05] 다음 주어진 도형들을 보고 '?'에 들어갈 도형을 보기에서 고르시오.

총 문항 수 : 5문항 | 총 문제풀이 시간 : 1분 15초 | 문항당 문제풀이 시간 : 15초

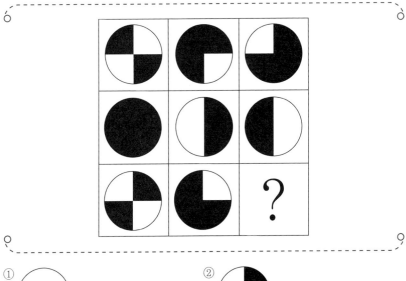

①

②

③

④

⑤

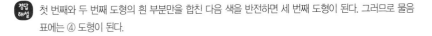

정답
해설 첫 번째와 두 번째 도형의 흰 부분만을 합친 다음 색을 반전하면 세 번째 도형이 된다. 그러므로 물음
표에는 ④ 도형이 된다.

02

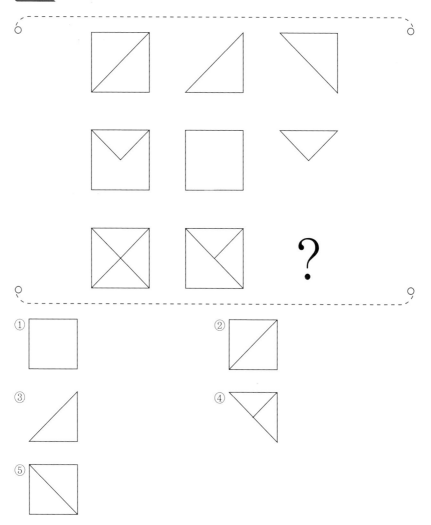

정답 해설 두 번째 열과 세 번째 열의 도형들을 서로 포개거나 붙이면 첫 번째 열의 도형이 된다.

Part I

Part II

이 문제 중요!

03

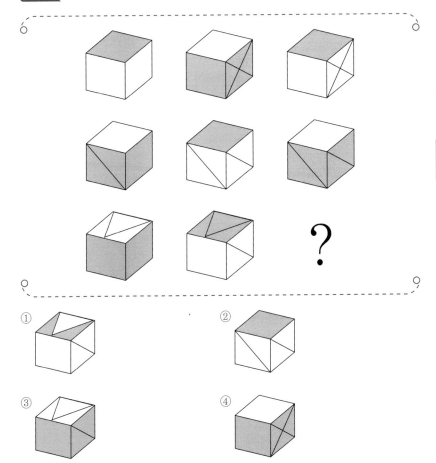

① ② ③ ④ ⑤

 도형의 윗면은 회색과 흰색을 반복하며 문양은 항상 같다. 옆면의 문양은 두 번째 열과 세 번째 열에서 서로 같다. 앞면 문양은 세 칸이 서로 같으며 회색과 흰색을 반복한다.

삼성 GSAT 통합 기본서 최신기출유형 + 실전문제

04

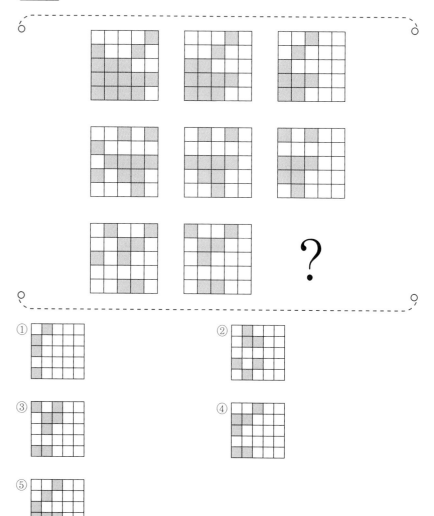

오른쪽으로 이동할 때마다 도형의 회색 칸이 왼쪽으로 한 칸씩 이동한다.

176 11 ⑤ | 12 ② | 13 ①

05

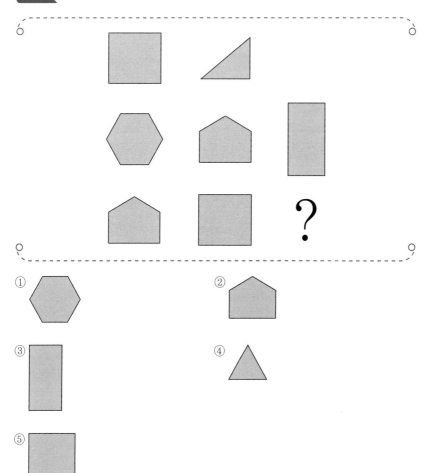

① ② ③ ④ ⑤

Part I

Part II

정답 해설 첫 번째 행 : 사각형 → 삼각형 → 없음, 두 번째 행 : 육각형 → 오각형 → 사각형, 세 번째 행 : 오각형 → 사각형 → ?

소요시간		채점결과	
목표시간	3분 45초	총 문항수	15문항
실제 소요시간	( )분 ( )초	맞은 문항 수	( )문항
초과시간	( )분 ( )초	틀린 문항 수	( )문항

4. 도식추리

⏰ 문제풀이 시간 : 10초

기출유형분석

▶ 다음에 나열된 숫자들에 적용된 규칙을 찾아 빈칸에 들어갈 알맞은 숫자를 구하면?

$$\frac{2}{3} \quad 1 \quad 2 \quad 5 \quad 15 \quad (\quad) \quad 210$$

① 45

② $\frac{97}{2}$

③ 50

④ $\frac{105}{2}$

⑤ 60

 나열된 숫자의 규칙은 다음과 같다.

$$\frac{2}{3} \times 1.5 \left(=\frac{3}{2}\right) = 1$$

$$1 \times 2.0 = 2$$

$$2 \times 2.5 = 5$$

$$5 \times 3.0 = 15$$

$$15 \times 3.5 = \left(\frac{105}{2}\right)$$

$$\left(\frac{105}{2}\right) \times 4.0 = 210$$

따라서 빈칸은 '$\frac{105}{2}$'이다.

정답 ④

[01~10] 다음 나열된 숫자의 공통된 규칙을 찾아 빈칸에 들어갈 알맞은 숫자를 고르시오.

총 문항 수 : 10문항 | 총 문제풀이 시간 : 3분 20초 | 문항당 문제풀이 시간 : 20초 내외

01 24   20   4   −2   −0.4   −8.4   (   )

① −14.6   ② −12.4
③ −1.68   ④ −1.46
⑤ −1.25

정답해설

24   20   4   −2   −0.4   −8.4   (   )
  −4   ÷5   −6   ÷5   −8   ÷5

02 109   87   98   90   88   94   79   (   )

① 84   ② 86
③ 99   ④ 102
⑤ 105

정답해설

          −11   −10   −9
109   87   98   90   88   94   79   (   )
       +3   +4   +5

03 98   49   56   28   35   17.5   (   )

① 24.5   ② 21.75
③ 18.25   ④ 15.75
⑤ 13.35

98   49   56   28   35   17.5 (   )

  └─┬─┘└─┬─┘└─┬─┘└─┬─┘└─┬─┘└─┬─┘
   ÷2   +7   ÷2   +7   ÷2   +7

04   7   5   15   11   55   49   (   )   335

① 385   ② 343
③ 42   ④ 41
⑤ 40

 7   5   15   11   55   49   (   )   335

 └─┬─┘└─┬─┘└─┬─┘└─┬─┘└─┬─┘└─┬─┘└─┬─┘
  −2   ×3   −4   ×5   −6   ×7   −8

05   111   123   113   121   115   (   )

① 103   ② 107
③ 111   ④ 115
⑤ 119

 111   123   113   121   115   (   )

 └─┬─┘└─┬─┘└─┬─┘└─┬─┘└─┬─┘
  +12 −10   +8   −6   +4

06　$\dfrac{9}{10}$　$\dfrac{7}{12}$　(　)　$\dfrac{3}{16}$　$\dfrac{1}{18}$

① $\dfrac{5}{15}$　　　　　　　② $\dfrac{6}{15}$

③ $\dfrac{5}{14}$　　　　　　　④ $\dfrac{3}{7}$

⑤ $\dfrac{7}{14}$

정답 해설 오른쪽으로 갈수록 분모는 (+2)씩 증가하고, 분자는 (−2)씩 줄어들고 있다.
따라서 빈칸에 들어갈 숫자는

$$\frac{7-2}{12+2}=\frac{5}{14}$$

07　$\dfrac{8}{11}$　$\dfrac{5}{7}$　$\dfrac{12}{17}$　$\dfrac{7}{10}$　$\dfrac{16}{23}$　$\dfrac{9}{13}$　(　)

① $\dfrac{20}{29}$　　　　　　　② $\dfrac{7}{8}$

③ $\dfrac{31}{32}$　　　　　　　④ $\dfrac{40}{41}$

⑤ $\dfrac{51}{52}$

정답 해설 $\dfrac{8+2}{11+3}=\dfrac{10}{14}=\dfrac{5}{7}$, $\dfrac{10+2}{14+3}=\dfrac{12}{17}$

$\dfrac{12+2}{17+3}=\dfrac{14}{20}=\dfrac{7}{10}$, $\dfrac{14+2}{20+3}=\dfrac{16}{23}$

$\dfrac{16+2}{23+3}=\dfrac{18}{26}=\dfrac{9}{13}$, $\dfrac{18+2}{26+3}=\dfrac{20}{29}$

08

56   560   70   420   105   (   )

① 210
② 207
③ 205
④ 195
⑤ 190

정답해설

09

32   36   28   45   22   52   14   (   )

① 44
② 48
③ 52
④ 57
⑤ 60

정답해설

10

1   4   5   8   25   12   125   (   )

① 129
② 60
③ 16
④ 14
⑤ 12

정답해설

$$
\begin{array}{ccccccc}
& \times 5 & & \times 5 & & \times 5 & \\
1 & 4 & 5 & 8 & 25 & 12 & 125 \quad (\quad) \\
& & +4 & & +4 & & +4
\end{array}
$$

[11~13] 다음 제시된 그림을 이해하고 '?'에 들어갈 알맞은 숫자를 고르시오.

총 문항 수 : 3문항 | 총 문제풀이 시간 : 1분 30초 | 문항당 문제풀이 시간 : 30초

11

5	11	2	8
7	17	3	?
12	20	4	8

① 20　　　　　　　　② 17

③ 14　　　　　　　　④ 11

⑤ 8

정답해설 $(5+11) \div 2 = 8$, $(7+17) \div 3 = ?$, $(12+20) \div 4 = 8$

12

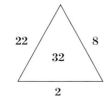 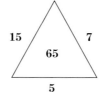

① 143　　　　　　　　② 182

③ 198　　　　　　　　④ 201

⑤ 204

$(22-8+2) \times 2 = 32$, $(15-7+5) \times 5 = 65$, $(21-2+7) \times 7 = ?$

13

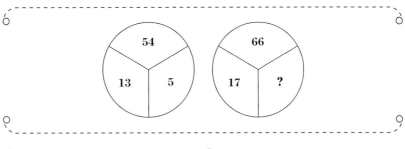

① 5 ② 6

③ 7 ④ 8

⑤ 9

 $(13+5) \times 3 = 54$, $(17+?) \times 3 = 66$

소요시간		채점결과	
목표시간	4분 50초	총 문항수	13문항
실제 소요시간	( )분 ( )초	맞은 문항 수	( )문항
초과시간	( )분 ( )초	틀린 문항 수	( )문항

기출유형분석

🕐 문제풀이 시간 : 45초

▶ 다음의 도식기호들은 정해진 규칙에 따라 문자나 숫자를 변화시킨다. 각 물음표에 들어갈 적당한 문자나 숫자기호를 고르시오.

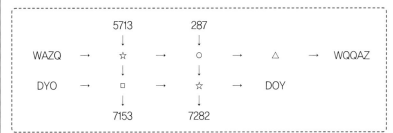

01
912 → ☆ → □ → ?

① 9912　　② 1921　　③ 291　　④ 192　　⑤ 1291

02
CFA → ○ → △ → ?

① ACCF　　② CAF　　③ CAFA　　④ FCA　　⑤ CCAF

정답
해설

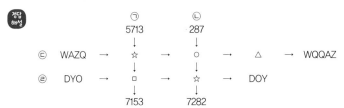

먼저 과정 ㉠의 결과 값을 보면 순서만 바뀌어 있으므로 ☆과 □는 순서를 바꾸는 규칙임을 알 수 있다. 과정 ㉡의 결과 값에서는 앞자리 숫자가 하나 더 늘어나 있으므로 ○는 앞자리 문자를 하나 더 만드는 규칙임을 알 수 있다. 따라서 과정 ㉡ 287 → ○ → 2287 → ☆ → 7282이므로 ☆은 앞자리와 끝자리 문자를 바꾸는 규칙임을 알 수 있다. 또한 과정 ㉠에서 5713 → ☆ → 3715 → □ → 7153이므로 □는 앞자리 문자를 끝자리로 보내는 규칙이며, 과정 ㉢에서 WAZQ → ☆ → QAZW → ○ → QQAZW → △ → WQQAZ이므로 △는 끝자리 문자를 맨 앞으로 보내는 규칙임을 알 수 있다.

정답 01 ④ | 02 ①

[01~02] 다음의 도식기호들은 정해진 규칙에 따라 문자나 숫자를 변화시킨다. 각 물음표에 들어갈 적당한 문자나 숫자기호를 고르시오.

총 문항 수 : 2문항 | 총 문제풀이 시간 : 1분 30초 | 문항당 문제풀이 시간 : 45초

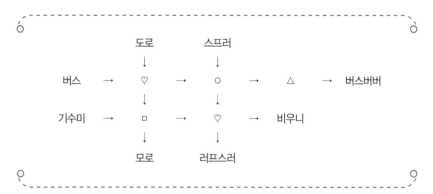

01 마오수 → □ → □ → ?

① 수오마   ② 사초주
③ 리주부   ④ 마마오수
⑤ 마오수

이 문제 중요!

02 사군자 → ♡ → ? → △ → 사자군사사

① ○   ② △
③ ♡   ④ □
⑤ 사자군

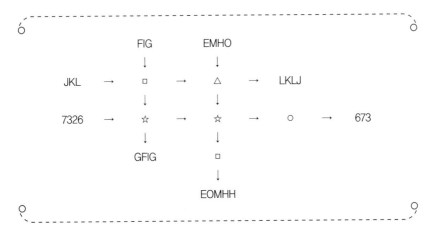

Part I

Part II

```
                    ㉠              ㉡
                   도로            스프러
                    ↓              ↓
  ㉢    버스  →     ♡    →    ○    →    △    →    버스버버
                    ↓              ↓
  ㉣    기수미  →   ▢    →    ♡    →    비우니
                    ↓              ↓
                   모로           러프스러
```

○는 마지막 문자를 맨 앞에 추가, △는 맨 앞의 문자를 마지막에 추가, ♡는 역순으로 나열, ▢는 자음을 한 칸 뒤(+1)로 이동(예 ㄱ → ㄴ)하는 규칙들을 적용해보면, ㉠에서 도로 → ♡ → 로도 → ▢ → 모로, ㉡에서 스프러 → ○ → 러스프러 → ♡ → 러프스러, ㉢에서 버스 → ♡ → 스버 → ○ → 버스버 → △ → 버스버버, ㉣에서 기수미 → ▢ → 니우비 → ♡ → 비우니

따라서 위의 규칙들을 통해 '마오수 → ▢ → 바조우 → ▢ → (사초주)'가 된다. 마찬가지로, '사군자 → ♡ → 자군사 → (○) → 사자군사 → △ → 사자군사사'가 된다.

[03~04] 다음의 도식기호들은 정해진 규칙에 따라 문자나 숫자를 변화시킨다. 각 물음표에 들어갈 적당한 문자나 숫자기호를 고르시오.

총 문항 수 : 2문항 | 총 문제풀이 시간 : 1분 30초 | 문항당 문제풀이 시간 : 45초

```
                FIG           EMHO
                 ↓             ↓
  JKL    →       ▢    →       △    →    LKLJ
                 ↓             ↓
  7326   →       ☆    →       ☆    →    ○    →    673
                 ↓             ↓
                GFIG          ▢
                               ↓
                             EOMHH
```

03 9146 → △ → ☆ → ?

① 146

② 4691

③ 9614

④ 9946

⑤ 4941

04 BPS → □ → ? → PSS

① □   ② ○

③ △   ④ ☆

⑤ PBS

정답해설

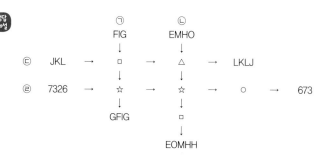

         ⊙   ⓛ

        FIG   EMHO

        ↓   ↓

ⓒ JKL → □ → △ → LKLJ

        ↓   ↓

ⓔ 7326 → ☆ → ☆ → ○ → 673

        ↓   ↓

      GFIG   □

            ↓

          EOMHH

먼저 과정 ⓒ의 결과 문자가 하나 증가하였으므로 □와 △중 하나는 문자를 하나 추가하는 것이고 다른 하나는 문자를 이동하는 것임을 알 수 있다. 과정 ⊙에서 문자 G가 추가되었으므로 □는 마지막 문자를 추가하는 규칙임을 알 수 있으며, 이에 따라 ☆은 끝자리 문자를 맨 앞으로 보내는 규칙이다. 이 결과를 과정 ⓒ에 적용하면 △가 앞자리와 끝자리 문자를 바꾸는 규칙임을 알 수 있다. 과정 ⓔ에서 7326 → ☆ → 6732 → ☆ → 2673 → ○ → 673이므로 ○는 맨 앞자리 문자를 버리는 규칙이다.

[05~07] 다음의 도식기호들은 정해진 규칙에 따라 문자나 숫자를 변화시킨다. 각 물음표에 들어갈 적당한 문자나 숫자기호를 고르시오.

총 문항 수 : 3문항 | 총 문제풀이 시간 : 2분 15초 | 문항당 문제풀이 시간 : 45초

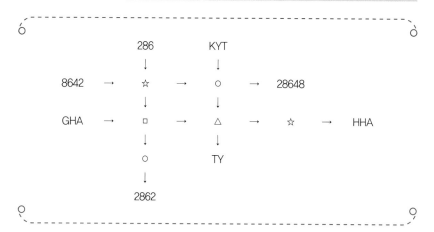

      286   KYT

      ↓   ↓

8642 → ☆ → ○ → 28648

      ↓   ↓

GHA → □ → △ → ☆ → HHA

      ↓   ↓

      ○   TY

      ↓

     2862

05 ADR → □ → ○ → ?

① ARD
② ARDD
③ DAR
④ DDARR
⑤ AADRR

Part I
Part II

06 HCVD → ☆ → △ → ?

① CVDH
② CAF
③ HCV
④ HHCV
⑤ CCHV

07 VOPU → △ → ○ → ?

① PPOV
② POV
③ UOVP
④ VOPU
⑤ PVOU

정답해설

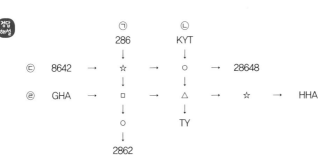

먼저 과정 ⊙과 ⓒ을 비교하면 규칙 ☆이 공통으로 적용되어 있고, 각 결과 값에서 앞자리 문자가 하나씩 더 만들어져 있음을 알 수 있다. 여기서 ☆이 앞자리 문자를 하나씩 더 만드는 규칙이라고 한다면 과정 ⓒ에서 8642 → ☆ → 88642 → ○ → 28648이므로 ○는 앞자리와 끝자리 문자를 바꾸는 규칙

이 된다. 또한 과정 ⓒ에서 KYT → ○ → TYK → △ → TY이므로 △는 끝자리 문자를 버리는 규칙이며, 과정 @에서 GHA → □ → HAG → △ → HA → ☆ → HHA이므로 □는 앞자리 문자를 끝으로 보내는 규칙임을 알 수 있다.

[08~09] 다음의 도식기호들은 정해진 규칙에 따라 문자나 숫자를 변화시킨다. 각 물음표에 들어갈 적당한 문자나 숫자기호를 고르시오.

총 문항 수 : 2문항 | 총 문제풀이 시간 : 1분 30초 | 문항당 문제풀이 시간 : 45초

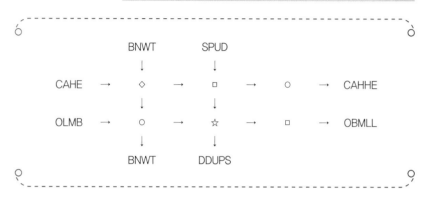

08 FROM → ◇ → ☆ → ?

① OMP ② ORFM

③ ROMM ④ RDOF

⑤ OMRF

09 TRY → □ → ○ → ☆ → ?

① TYYR ② TR

③ RTY ④ RRTT

⑤ TRYY

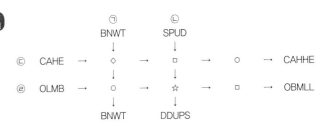

정답
해설

먼저 과정 ㉠과 ㉢을 비교한다. 두 과정에서 모두 규칙 ○와 ◇가 공통으로 적용되었는데, 과정 ㉢의 결과 값에서만 문자가 하나 더 만들어져 있다. 따라서 □는 문자를 하나 더 만드는 규칙임을 알 수 있다. 과정 ㉢에서 끝자리 문자가 하나 더 만들어져 있고 순서가 바뀌어 있으므로 가장 먼저 적용된 □가 끝자리 문자를 하나 더 만들어내는 규칙임을 알 수 있다. 즉 SPUD → □ → SPUDD → ☆ → DDUPS이므로 ☆은 문자의 순서를 역순으로 바꾸는 규칙이 된다. 또한 과정 ㉣에서 OLMB → ○ → LMBO → ☆ → OBML → □ → OBMLL이므로 ○는 앞자리 문자를 맨 끝으로 보내는 규칙이며, 과정 ㉠에서 BNWT → ◇ → TBNW → ○ → BNWT이므로 ◇는 끝자리 문자를 맨 앞으로 보내는 규칙임을 알 수 있다.

[10~12] 다음의 도식기호들은 정해진 규칙에 따라 문자나 숫자를 변화시킨다.
각 물음표에 들어갈 적당한 문자나 숫자기호를 고르시오.

총 문항 수 : 3문항 | 총 문제풀이 시간 : 2분 15초 | 문항당 문제풀이 시간 : 45초

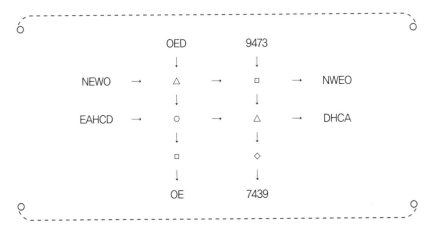

10 589 → △ → □ → ?

① 589   ② 5889
③ 859   ④ 8955
⑤ 9588

11 OMZ → ○ → △ → ?

① ZM   ② ZMO
③ OMZ   ④ MZOO
⑤ ZZMO

12 KHCF → ◇ → ○ → □ → ?

① CFH   ② FHC
③ HCH   ④ KFC
⑤ HCF

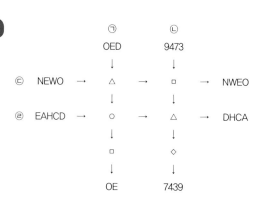

먼저 과정 ©과 @을 비교한다. 규칙 △가 공통으로 적용되었으며, 과정 ©의 결과 값은 순서만 바뀌어 있고 과정 @의 결과 값에서는 E가 탈락되어 있다. 따라서 ○는 앞자리 문자를 버리는 규칙임을 알

수 있고, △는 앞자리와 끝자리 문자를 바꾸는 규칙임을 알 수 있다. 또한 과정 ⓒ에서 NEWO → △ → OEWN → ㅁ → NWEO이므로 ㅁ는 문자의 순서를 역순으로 바꾸는 규칙이며, 과정 ⓛ에서 9473 → ㅁ → 3749 → △ → 9743 → ◇ → 74390이므로 ◇은 앞자리 문자를 끝으로 보내는 규칙임을 알 수 있다.

[13~15] 다음의 도식기호들은 정해진 규칙에 따라 문자나 숫자를 변화시킨다. 각 물음표에 들어갈 적당한 문자나 숫자기호를 고르시오.

총 문항 수 : 3문항 | 총 문제풀이 시간 : 2분 15초 | 문항당 문제풀이 시간 : 45초

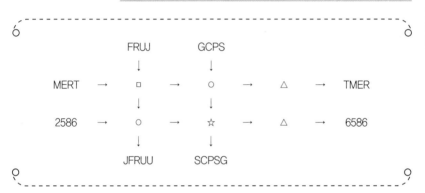

13 ZWQ → △ → ○ → ?

① ZZQ   ② ZWW
③ ZWQ   ④ ZQ
⑤ ZQW

14 XPO → ☆ → ㅁ → ?

① XOP   ② XPP
③ OXP   ④ OPP
⑤ OPX

15 2075 → ○ → ☆ → ?

① 2075

② 5075

③ 50752

④ 7502

⑤ 70257

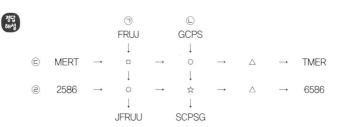

먼저 과정 ㉠과 ㉡을 비교한다. 과정 ㉠의 결과 값에서 J가 맨 앞에 놓여 있고 U가 하나 더 만들어져 있는 것으로 보아 □는 끝자리 문자를 앞으로 보내는 규칙이고, ○는 끝자리 문자를 하나 더 만드는 규칙임을 알 수 있다. 또한 과정 ㉡에서 GCPS → ○ → GCPSS → ☆ → SCPSG이므로 ☆은 앞자리 문자와 끝자리 문자를 바꾸는 규칙이며, 과정 ㉣에서 2586 → ○ → 25866 → ☆ → 65862 → △ → 6586이므로 △는 끝자리 문자를 버리는 규칙임을 알 수 있다.

[16~18] 다음의 도식기호들은 정해진 규칙에 따라 문자나 숫자를 변화시킨다. 각 물음표에 들어갈 적당한 문자나 숫자기호를 고르시오.

총 문항 수 : 3문항 | 총 문제풀이 시간 : 2분 15초 | 문항당 문제풀이 시간 : 45초

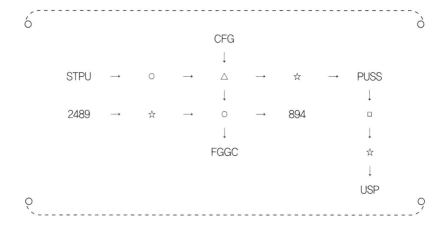

16 476 → □ → ☆ → ○ → ?

① 46   ② 47
③ 467   ④ 477
⑤ 744

17 EMY → ☆ → △ → ?

① EM   ② EMM
③ MMY   ④ MYY
⑤ EMY

18 KGC → ○ → □ → ?

① KCG   ② KCC
③ GKC   ④ GGK
⑤ KGC

정답
해설

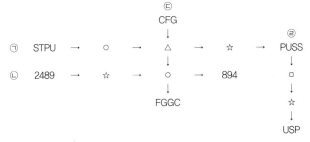

```
                              ©
                             CFG
                              ↓
 ①  STPU   →   ○   →   △   →   ☆   →   PUSS  ②
                              ↓                  ↓
 ①  2489   →   ☆   →   ○   →   894        □
                              ↓                  ↓
                            FGGC              ☆
                                               ↓
                                             USP
```

과정 ①과 ©을 살피면, 과정 ①의 결과 값에서 숫자가 하나 줄어 있고 과정 ©의 결과 값에서 문자가 하나 늘어 있다. ○는 공통으로 들어가므로, ☆은 앞자리 문자를 버리는 규칙, △는 끝자리 문자를 하나 더 만드는 규칙이다. 또한 이 결과를 통해 ○가 앞자리 문자를 맨 끝으로 보내는 규칙이라는 것을 알 수 있다. 이에 따라 □는 앞자리 문자와 끝자리 문자를 바꾸는 규칙이다.

[19~21] 다음의 도식기호들은 정해진 규칙에 따라 문자나 숫자를 변화시킨다. 각 물음표에 들어갈 적당한 문자나 숫자기호를 고르시오.

총 문항 수 : 3문항 | 총 문제풀이 시간 : 2분 15초 | 문항당 문제풀이 시간 : 45초

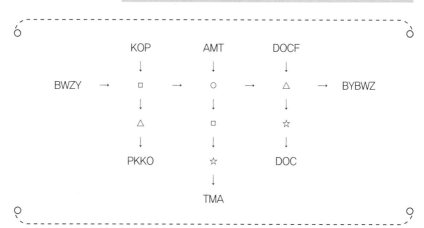

19 HTM → □ → ☆ → ?

① TTM   ② MHT

③ MHH   ④ HTM

⑤ TMH

20 7254 → △ → ○ → ?

① 7544   ② 7254

③ 5724   ④ 572

⑤ 5742

21 KONG → ○ → □ → △ → ?

① KGG   ② KGGON

③ NGO   ④ OKNG

⑤ ONKGG

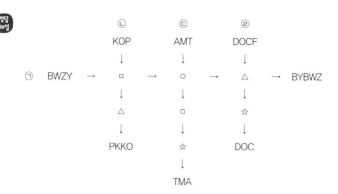

과정 ⓒ와 ⓔ를 살피면, 과정 ⓒ에서는 문자가 하나 증가하였으며, 과정 ⓔ에서는 문자가 하나 줄어들었다. △는 공통으로 들어가므로 뒷자리 문자를 맨 앞으로 보내는 규칙이다. 이에 따라 □는 앞자리 문자를 하나 더 만드는 규칙이고 ☆은 앞자리 문자를 버리는 규칙이다. 이를 과정 ⓐ에 적용시키면,
BWZY → □ → BBWZY → ○ → YBWZB → △ → BYBWZ이므로 ○는 앞자리 문자와 끝자리 문자를 바꾸는 규칙이다.

[22~24] 다음의 도식기호들은 정해진 규칙에 따라 문자나 숫자를 변화시킨다. 각 물음표에 들어갈 적당한 문자나 숫자기호를 고르시오.

총 문항 수 : 3문항 | 총 문제풀이 시간 : 2분 15초 | 문항당 문제풀이 시간 : 45초

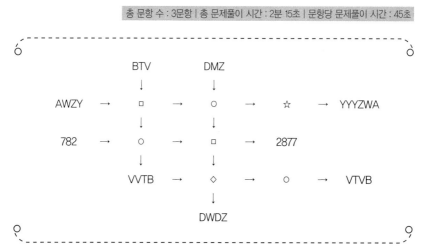

22 567 → ☆ → ○ → ?

① 567　　　　　　　　② 5677

③ 7655　　　　　　　　④ 7765

⑤ 7775

23 IAD → ◇ → □ → ?

① DAII　　　　　　　　② DAI

③ ADI　　　　　　　　④ AADI

⑤ DDAI

24 6071 → ○ → ☆ → ?

① 6071　　　　　　　　② 11706

③ 16077　　　　　　　　④ 60711

⑤ 70617

		㉠	㉡			
		BTV	DMZ			
		↓	↓			
㉢	AWZY →	□ →	○ →	☆ →	YYYZWA	
		↓	↓			
㉣	782 →	○ →	□ →	2877		
		↓	↓			
	㉤	VVTB →	◇ →	○ →	VTVB	
		↓				
		DWDZ				

먼저 과정 ⊙과 ⓔ을 통해 ㅁ가 문자를 하나 증가시키는 규칙이라는 것을 알 수 있다. 과정 ⊙에서 문자 V가 증가했으므로 ㅁ는 끝자리 문자를 하나 증가시키는 규칙이고, 따라서 ○는 문자를 역순으로 배열하는 규칙이다. 이를 과정 ⓒ에 대입하면, ◇는 앞자리와 끝자리 문자의 위치를 서로 바꾸는 규칙임을 알 수 있다. 이 결과를 과정 ⓒ에 대입하면 ☆이 앞자리 문자를 하나 증가시키는 규칙이라는 결과를 얻을 수 있다.

Part I

Part II

소요시간		채점결과	
목표시간	18분	총 문항수	24문항
실제 소요시간	( )분 ( )초	맞은 문항 수	( )문항
초과시간	( )분 ( )초	틀린 문항 수	( )문항

5. 논리추론

기출유형분석

⏰ 문제풀이 시간 : 1분 10초

▶ 다음의 (가)~(다)가 참이라고 할 때, 반드시 참이 되는 것을 고르시오.

(가) A종 공룡은 모두 가장 큰 B종 공룡보다 크다.
(나) 일부의 C종 공룡은 가장 큰 B종 공룡보다 작다.
(다) B종 공룡은 모두 가장 큰 D종 공룡보다 크다.

---

① 가장 작은 A종 공룡만한 D종 공룡이 있다.
② 어떤 A종 공룡은 가장 큰 C종 공룡보다 작다.
③ 가장 작은 C종 공룡만한 D종 공룡이 있다.
④ 어떤 C종 공룡은 가장 작은 A종 공룡보다 작다.
⑤ 어떤 C종 공룡은 가장 큰 D종 공룡보다 작다.

 (가)~(다)가 참일 경우

(가)는 모든 A종 공룡 > 모든 B종 공룡

(다)는 모든 B종 공룡 > 모든 D종 공룡

'모든 A종 공룡 > 모든 B종 공룡 > 모든 D종 공룡'임을 알 수 있다.

④ A종 공룡은 모두 가장 큰 B종 공룡보다 크고 일부 C종 공룡은 가장 큰 B종 공룡보다 작다고 하였으므로, 어떤 C종 공룡은 가장 작은 A종 공룡보다 작다는 내용이 반드시 참임을 알 수 있다.

 ① 모든 A종 공룡이 모든 D종 공룡보다 크다고 했으므로 가장 작은 A종 공룡만한 D종 공룡이 있다는 명제는 거짓이다.

② 주어진 조건만으로는 C종 공룡의 크기가 가지는 범위가 어느 정도인지 확정할 수 없다. 따라서 어떤 A종 공룡은 가장 큰 C종 공룡보다 작다는 것은 반드시 참이 되지 않는다.

③ 주어진 조건에서 가장 작은 C종 공룡의 크기 범위는 확정할 수 없다. 따라서 가장 작은 C종 공룡만한 D종 공룡이 있다는 것은 반드시 참이 되지 않는다.

⑤ (나), (다)에서 어떤 C종 공룡이 가장 큰 D종 공룡보다 작다는 내용은 확정할 수 없으므로 반드시 참이 되지 않는다.

정답 ④

01 A대학교 생물학과 학생을 대상으로 교양 과목 수강 내역을 조사하였더니, 심리학을 수강한 학생 중 몇 명은 한국사를 수강하였고, 경제학을 수강한 학생은 모두 정치학을 수강하였다. 그리고 경제학을 수강하지 않은 학생은 아무도 한국사를 수강하지 않은 것으로 나타났다. 이 경우 반드시 참인 것은?

① 심리학을 수강한 학생 중 몇 명은 정치학을 수강하였다.
② 경제학을 수강한 모든 학생은 심리학을 수강하였다.
③ 한국사를 수강한 모든 학생은 심리학을 수강하였다.
④ 한국사를 수강한 학생은 아무도 정치학을 수강하지 않았다.
⑤ 심리학을 수강하지 않은 학생 중 몇 명은 경제학을 수강하였다.

정답해설 한국사를 수강한 학생 중에 경제학을 수강한 학생이 있으며, 이들은 정치학 역시 함께 수강하고 있다는 의미가 된다. 한편 심리학을 수강한 학생 중 몇 명은 한국사를 수강하였다.
② 경제학을 수강한 학생 중 심리학을 수강한 학생이 있을 수는 있으나, 경제학을 수강한 모든 학생이 심리학을 수강했다는 것은 반드시 참이라고 보기 어렵다.
③ 심리학을 수강한 학생 중 몇 명은 한국사를 수강하였다고 했지만 이를 통해 한국사를 수강한 모든 학생이 심리학을 수강했다는 결론을 내릴 수는 없다.
④ 경제학을 수강하는 학생 중에는 한국사를 수강하고 있는 학생이 있으며, 이들은 정치학 역시 수강하고 있다.
⑤ 제시된 단서를 통해 유추할 수 없는 내용이다.

02 다음을 참이라고 가정할 때, 반드시 참인 것은?

> ㄱ. 모든 금속은 전기가 통한다.
> ㄴ. 광택이 난다고 해서 반드시 금속은 아니다.
> ㄷ. 전기가 통하지 않고 광택이 나는 물질이 존재한다.
> ㄹ. 광택이 나지 않으면서 전기가 통하는 물질이 존재한다.
> ㅁ. 어떤 금속은 광택이 난다.

① 금속이 아닌 물질은 모두 전기가 통하지 않는다.
② 전기도 통하고 광택도 나는 물질이 존재한다.
③ 광택을 내지 않는 금속은 없다.
④ 전기가 통하는 물질은 모두 광택이 난다.
⑤ 광택을 내지 않고 금속인 물질이 존재한다.

정답해설 ② 어떤 금속은 광택을 내며, 모든 금속은 전기를 통하므로 참이다.
① ㄱ의 모든 금속이 전기가 통한다는 명제가 참이라 할지라도 이 명제가 반드시 참이 될 수 없다.
③ 광택이 난다고 해서 반드시 금속은 아니라는 명제가 참일 경우 참이 될 수 없다.
④ 광택이 나지 않으면서 전기가 통하는 물질이 존재한다는 ㄹ이 참이므로 반드시 참이 될 수 없다.
⑤ 주어진 명제가 참으로 주어지지 않은 이상, ㅁ을 금속에는 광택이 나는 것과 나지 않는 것이 있음으로 해석할 수 없다. 즉, '어떤'이 '모두'가 될 수도 있으므로 반드시 참이 될 수 없다.

03 다음 글의 논지에 대한 반론으로 가장 적절한 것은?

공화정 체제는 영원한 평화에 대한 바람직한 전망을 제시한다. 그 이유는 다음과 같다. 전쟁을 할 것인가 말 것인가를 결정하려면 공화제하에서는 국민의 동의가 필요한데, 이때 국민은 자신의 신상에 다가올 전쟁의 재앙을 각오해야 하기 때문에 그런 위험한 상황을 감수하는 데 무척 신중하리라는 것은 당연하다. 전쟁의 소용돌이에 빠져들 경우, 국민들은 싸움터에 나가야 하고, 자신들의 재산에서 전쟁 비용을 염출해야 하며, 전쟁으로 인한 피해를 고생스럽게 복구해야 한다. 또한 다가올 전쟁 때문에 지금의 평화마저도 온전히 누리지 못하는 부담을 떠안을 수밖에 없다.

그러나 군주제하에서는 전쟁 선포의 결정이 지극히 손쉬운 일이다. 왜냐하면 군주는 국가의 한 구성원이 아니라 소유자이며, 전쟁 중이라도 사냥, 궁정, 연회 등이 주는 즐거움을 아무 지장 없이 누릴 수 있을 것이기 때문이다. 따라서 군주는 사소한 이유로, 예를 들어 한낱 즐거운 유희를 위해 전쟁을 결정할 수도 있다. 그리고 전혀 대수롭지 않게, 늘 만반의 준비를 하고 있는 외교 부서에 격식을 갖추어 전쟁을 정당화하도록 떠맡길 수 있다.

① 전쟁을 방지하기 위해서는 공화제뿐만 아니라 국가 간의 협력도 필요하다.
② 장기적인 평화는 국민들을 경제 활동에만 몰두하게 하여, 결국 국민들을 타락시킬 것이다.
③ 공화제하에서도 국익이나 애국주의를 내세운 선동에 의해 국민들이 전쟁에 동의하게 되는 경우가 적지 않다.
④ 공화제 국가라도 군주제 국가와 인접해 있을 때에는 전쟁이 일어날 가능성이 높다.
⑤ 군주는 외교적 격식을 갖추지 않고도 전쟁을 감행할 수 있다.

정답해설 ③ 공화제하에서도 국익이나 애국주의를 내세운 선동에 의해 국민들이 전쟁에 동의하게 되는 경우가 적지 않다는 것은 공화제하에서 전쟁이 잘 일어나지 않는다는 주장에 대한 반론에 해당한다.
① 제시문에서 공화제는 영원한 평화에 대한 바람직한 전망을 제시하며 전쟁 시 국민의 동의가 필요하다고 하였다. 따라서 전쟁을 방지하기 위해 공화제뿐만 아니라 국가 간의 협력이 필요하다는 내용은 공화제에 대한 반론과 관련이 없다.
② 장기적인 평화는 국민들을 경제 활동에만 몰두하게 하여, 결국에는 타락시킬 것이라는 주장 역시 제시문의 내용과는 관련이 없다.

④ 공화정 체제하에서 국민들은 전쟁을 하게 될 경우에 자신들이 부담해야 할 것들에 대해 먼저 생각하게 되므로 훨씬 신중하다고 말하고 있다. 따라서 제시문의 반론으로 적절하지 않다.
⑤ 제시문에 나와 있는 내용으로, 반론이 될 수 없다.

04   다음은 세 문장 중 첫 번째 문장이 거짓이라고 가정한다면, 두 번째 문장과 세 번째 문장은 각각 참인가 거짓인가?

국회의 어느 공무원도 소설가가 아니다.
모든 소설가는 국회 공무원이다.
어떠한 소설가도 국회 공무원이 아니다.

	두 번째	세 번째
①	거짓	알 수 없음
②	거짓	거짓
③	참	거짓
④	알 수 없음	거짓
⑤	알 수 없음	참

정답해설 첫 번째 문장이 거짓이므로 국회의 공무원 중에는 소설가가 존재한다. 하지만 국회 공무원 중에서는 소설가가 있지만 그 소설가의 수는 알 수 없으므로 모든 국회 공무원이 소설가인지의 여부 역시 알 수 없는 것이다. 그러므로 두 번째 문장의 참과 거짓은 현재 주어진 내용만으로는 알 수 없다. 또한 국회의 공무원 중에서 소설가가 존재한다는 것은 소설가 중 일부가 국회 공무원이라는 의미가 된다. 따라서 세 번째 문장은 거짓이 된다.

05 "A씨는 안경을 끼지 않았다."는 진술과 모순이 되는 진술을 이끌어내기 위해 필요한 전제를 보기에서 모두 고르면?

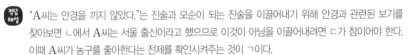

ㄱ. A씨는 농구를 좋아한다.

ㄴ. A씨가 안경을 끼지 않았다면, A씨는 서울 출신이다.

ㄷ. A씨가 농구를 좋아했다면, A씨는 서울 출신이 아니다.

ㄹ. A씨가 염색을 했다면, A씨는 서울 출신이다.

ㅁ. A씨는 농구를 좋아하거나 염색을 했다.

① ㄱ, ㄴ, ㄷ
② ㄱ, ㄷ, ㄹ
③ ㄱ, ㄹ, ㅁ
④ ㄴ, ㄷ, ㅁ
⑤ ㄴ, ㄹ, ㅁ

정답해설 "A씨는 안경을 끼지 않았다."는 진술과 모순이 되는 진술을 이끌어내기 위해 안경과 관련된 보기를 찾아보면 ㄴ에서 A씨는 서울 출신이라고 했으므로 이것이 아님을 이끌어내려면 ㄷ가 참이어야 한다. 이때 A씨가 농구를 좋아한다는 전제를 확인시켜주는 것이 ㄱ이다.

즉, A씨는 농구를 좋아하고, A씨가 농구를 좋아한다면 서울 출신이 아니다. 그런데 A씨가 안경을 끼지 않았다면 A씨는 서울 출신이므로 주어진 진술에 모순이 되는 진술을 이끌어낼 수 있다.

06 다음 글의 논증이 타당하다고 할 때 생략된 전제는?

학생들이 과학 탐구를 효과적으로 하기 위해서는 동료 학생들과 협동하면서 학습해야 한다는 과학 교육의 교수 학습 이론이 있다. 그러나 위대한 과학자들은 그들의 학생 시절에 동료 학생들과 협동 학습을 잘하지 않았다. 따라서 이 과학 교육의 교수학습 이론은 틀림없이 거짓이다.

① 일부 과학자들은 협동 학습을 좋아한다.
② 위대한 과학자들은 학생 시절부터 과학 탐구를 효과적으로 한다.
③ 혼자 연구하는 것이 진정한 과학 탐구를 위해 필요하다.
④ 과학 시간에 협동 학습을 잘못하는 학생들은 위대한 과학자가 될 가능성이 있다.
⑤ 위대한 과학자들은 협동하여 학습하는 것을 싫어한다.

정답 해설 주어진 이론을 뒤집어서 협동해서 학습하지 않았음에도 과학 탐구를 효과적으로 한 학생이 있다는 것을 증명하면 된다. 그런데 제시된 지문에는 학생 시절 동료 학생들과 협동 학습을 잘하지 않았다는 내용은 있으나 효과적인 과학 탐구에 대한 내용은 담겨있지 않으므로 ②이 적절하다.

07 다음에서 전제가 참일 때 결론이 반드시 참이 되지 않는 논증을 모두 고르면?

ㄱ. 간편하게 들고 다니지 못하는 것은 어떤 것도 유용하지 않아. 그런데 100kg이 넘는 것은 어떤 것도 간편하게 들고 다닐 수가 없거든. 그러므로 유용한 것은 모두 100kg 이하의 것이지.

ㄴ. 담배를 피우지 않는 사람은 모두 완전한 건강 상태를 유지하고 있어. 그런데 몇몇 운동선수는 건강 상태가 완전해. 그렇다면 운동선수 중에는 담배를 피우지 않는 사람이 있어.

ㄷ. A씨의 증언이 사실이라면 B씨의 증언도 사실이야. A씨가 한 증언이 사실이라면 C씨가 한 증언도 사실이고, B씨가 한 증언이 사실이라면 C씨가 한 증언도 사실이기 때문이지.

① ㄴ
② ㄱ, ㄴ
③ ㄴ, ㄷ
④ ㄱ, ㄷ
⑤ ㄱ, ㄴ, ㄷ

ㄴ. 담배를 피우지 않는 사람이 모두 완전한 건강 상태를 유지하고 있다는 것이 참이라고 해도, 이것이 곧 '완전한 건강 상태를 유지하고 있는 모든 사람은 담배를 피우지 않는다.'는 것으로 연결되지는 않는다.

ㄷ. A씨가 한 증언이 사실이라면 C가 한 증언도 사실이고, B가 한 증언이 사실이라면 C가 한 증언도 사실이라는 전제가 참이라고 해도 이것만으로는 C가 한 증언이 참인지 거짓인지 알 수 없다. 즉, 어떠한 결론이 도출될지 알 수 없으므로 반드시 참이라고 할 수 없다.

ㄱ. 간편하게 들고 다니지 못하는 것은 전부 유용하지 않다는 전제가 참이고 100kg이 넘는 것은 전부 간편하게 들고 다닐 수 없다면 100kg이 넘는 것은 전부 유용하지 않은 것이 된다. 그러므로 유용한 것은 모두 100kg 이하의 것이라는 것은 참이 된다.

08 다음 진술들이 모두 참이라고 할 때, 반드시 참이라고 할 수 없는 것은?

- 모든 사람은 자신에 대해서 호의적인 사람에게 호의적이다.
- 어느 누구도 자신을 비방한 사람에게 호의적이지 않다.
- 다른 사람을 결코 비방하지 않는 사람이 있다.
- 어느 누구도 자기 자신에 대해서 호의적이지도 않고 자기 자신을 비방하지도 않는다.

① 두 사람이 서로 호의적이라면, 그 두 사람은 서로 비방한 적이 없다.

② 두 사람이 서로 비방한 적이 없다면, 그 두 사람은 서로 호의적이다.

③ 누구든 다른 모든 사람을 비방한다면, 그 사람에 대해 호의적인 사람은 없다.

④ A라는 사람이 다른 모든 사람을 비방한다면, A에게 호의적이지 않지만 A를 비방하지 않는 사람이 있다.

⑤ 모든 사람이 자신을 비방하지 않는 사람에게 호의적이라면, 모든 사람에게는 각자가 호의적으로 대하는 사람이 적어도 한 명은 있다.

정답해설

② 비방한 적이 없다는 이유로 상대에게 호의를 느낀다는 의미가 된다. 그러나 이는 제시된 진술에서 참으로 주어진 것에 해당하지 않으므로 반드시 참이라고 할 수 없다.

① 첫 번째, 두 번째 진술을 통해 다른 사람에게 호의적인 경우 그 상대는 자신에 대한 비방을 하지 않았다는 의미가 된다. 만약 두 사람이 서로 호의적이라면 각각 상대에 대한 비방을 하지 않았다는 의미가 되므로 참이다.

③ 어느 누구도 자신을 비방한 사람에게는 호의적이지 않으므로, 다른 모든 사람을 비방하는 자는 어느 누구에게서도 호의를 받지 못한다.

④ A라는 사람이 다른 모든 사람을 비방하는 경우, 그는 어느 누구에게서도 호의를 받지 못한다. 그러나 다른 사람을 결코 비방하지 않는 사람이 있으므로 A에게 호의적이지 않으면서도 A를 비방하지 않는 사람은 존재한다.

⑤ 만약 모든 사람이 자신을 비방하지 않는 사람에게 호의적이라면 모든 사람은 다른 사람을 비방하지 않는 사람에게 만큼은 호의적일 것이다.

소요시간		채점결과	
목표시간	15분	총 문항수	8문항
실제 소요시간	( )분 ( )초	맞은 문항 수	( )문항
초과시간	( )분 ( )초	틀린 문항 수	( )문항

정답 08 ②